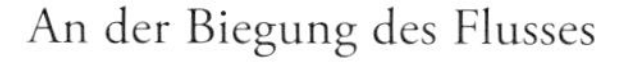

An der Biegung des Flusses

Schwebda
Frieda
Eschwege
Wanfried
Heldrabach
Großburschla
Heldrastein
Heldra
Treffurt
Grundbach
Falken
Hainich
Holunderbach
Ebenshausen
Artelsbach
Melmenbach
Ringgau
Ifta
Mihla
Lauterbach
Creuzburg
Madel
Herleshausen
Kohlbach
Richelsdörfer Gebirge
Nesse
Eisenach
Hörselberge
Lauchröden
Weihe
Suhl (Weihe)
Hörsel
Gerstungen
Suhl
Dankmarshausen
Berka/Werra
Elte
Thüringer Wald
Widdershausen
Seulingswald
Heringen
Lengers
Heimboldshausen
Dorndorf
Tiefenort
Philippsthal
Vacha
Schweina
Merkers
Bad Salzungen
Barchfeld
Ulster
Sünna
Öchse
Felda
Pfitzbach
Immelborn
Truse
Breitungen
Vordere Rhön
Roßbach
Wernshausen
Werra
Wasungen
Rhön
Walldorf
Meiningen
Untermaßfeld
W
O
S

Sandra Blume

An der Biegung des Flusses

Ein Buch über die Werra

mitteldeutscher verlag

Wenn der Tag anbricht, muss man
unten am Fluss sein.
Sein Wasser träumt keine Träume und wünscht keine Wünsche.
Es fließt. Unaufhörlich.
Und Nebel tanzen darüber hin.
Nun kann alles werden.
Alles ist möglich an einem Tag,
der am Fluss beginnt.

Von den Flüssen

flie·ßen

/flíéßen/

starkes Verb
sich kontinuierlich und ohne Stocken fortbewegen,
strömend irgendwohin gelangen

Werrapromenade Bad Salzungen

An der Werrabrücke Treffurt

Der Fluss ist immer. Seit Millionen Jahren schon, lange bevor der erste Mensch seinen Fuß auf die Erde setzte, führt er das lebensspendende Wasser durch das Land. Seit Jahren überquere ich morgens den Fluss und halte im wechselnden Licht seine Schönheit in Fotografien fest. Hunderte Male saß ich, nicht selten über Problemen brütend, auf einer Bank am Ufer. Ich erkundete Teile der Flusslandschaft mit dem Fahrrad, dem Boot und zu Fuß.

Der Fluss war immer da. Ein unhinterfragtes, beinahe selbstverständliches Stück geliebter Heimat. Auch als ich begann, lyrische Texte vom Fluss zu schreiben, blieb der Fluss ein Gleichnis, wenig mehr als eine Metapher, mit der ich vom Leben erzählte. Bis mir im Frühjahr 2021 bei der Lektüre eines Flussromans plötzlich bewusst wurde, dass ich dem Fluss vor meiner Tür bislang keine wahre Aufmerksamkeit geschenkt hatte. Es hätte ein beliebiger Fluss sein können, denn ich liebte alle Flüsse: die Moldau, die Elbe, die Saale, die kleine Hörsel und den noch kleineren Erbstrom. Und doch hatte sich in diesem Moment eine Idee in meinem Kopf festgesetzt. Die Idee einer Wanderung entlang jenes Flusses, den ich wie keinen anderen kenne und doch nicht genug kannte.

So fing ich an, kaum eine Woche später, den Fluss in all seinen Biegungen, die er durch die vertrauten Orte meines Landkreises zieht, abzugehen. Rund einhundertzwanzig von insgesamt dreihundert Flusskilometern. Ich begann im Süden, am Forstloch bei Immelborn, kurz bevor der Fluss den Wartburgkreis erreicht, und endete im Norden, wo er schließlich hinter dem Heldrastein weiter in Richtung Westen fließt. Ich ging den Fluss nicht in einer großen Wanderung, sondern überwiegend nach Feierabend in den Nachmittags- und Abendstunden. Zumeist auf der einen Flussseite stromab, auf der anderen stromauf, wieder zurück zum Ausgangspunkt. Ich bin viele Kilometer gegangen und habe viele Stunden am Fluss gesessen, beobachtet und geschrieben. Ging ich mehrere Tage hintereinander, hatte ich nicht selten das Gefühl, in der schmalen Wildnis rechts und links der Ufer selbst zu verwildern. Meine Gedanken waren, wenn ich am Fluss ging, einzig und allein beim Fluss, den ich in seinem Wesen und all seinen Aspekten zu verstehen suchte.

Der Fluss heißt Werra.
Als die Menschen begannen, den Dingen Namen zu geben, waren die Flüsse gewiss unter den ersten Erscheinungen der Natur, die benannt wurden. Alle menschlichen Siedlungen waren auf das Wasser angewiesen, entstanden also an den Flüssen. Die ersten Worte, die der Mensch jemals sprach, sind für alle Zeit verklungen, die frühesten Namen des Flusses verloren. Die erste Bezeichnung der Werra überlieferten die Römer. *Visurigis* nannte Tacitus den Strom, nach römischer Art mit männlichem Genus. Aus dem frühen Mittelalter sind *Uiserra* und *Viseraha* überliefert. Den Germanen waren die Flüsse weiblich. Daher trugen die althochdeutschen Namen der Werra eine weibliche Endung. All diesen alten Benennungen ist gemeinsam die indogermanische Wurzel „ueis“, was fließen oder zerfließen bedeutet. In älteren Büchern ist noch zu lesen, dass der Fluss einst *Wiseraha* genannt wurde, was sich mit „Wiesenfluss“ übersetzen ließe. Allzu gut passte dies auf das Erscheinungsbild der Werra, die sich durch weite Wiesenauen windet. Spätere linguistische Forschungen bewiesen jedoch, dass das deutsche Wort „Wiese“ auf eine andere indogermanische Wurzel zurückgeht.

Winterliche Werra bei Bad Salzungen

In der Werraaue bei Treffurt

Wesera, *Wisara* und *Wisura* nannte man den Strom, der im heutigen Schiefergebirge entspringt und bis zum Wattenmeer fließt. Denn Werra und Weser sind Ober- und Unterlauf eines einzigen Flusses. Es war die sprachliche Entwicklung der Regionen, die aus einem Fluss schließlich zwei Flüsse machte. Die Grenze zwischen dem niederdeutschen und dem hochdeutschen Sprachraum verläuft ziemlich genau bei Hannoversch Münden, dort wo „Werra und Fulda sich küssen und beide ihren Namen büßen müssen".

Schon immer zieht es mich zum Wasser. Zu den munteren Bächlein, funkelnd zwischen Farnen, Moos und Felsgestein, zu den moorigen Waldtümpeln, in denen Blätter wie Boote treiben, zu den Seen, die unter der aufgehenden Sonne rauchen, bis hin zum unermesslichen, unbeschreiblichen Meer. Am meisten aber zieht es mich zu den Flüssen. Vielleicht war es das sommerliche Bad in der eiskalten glasklaren Saale vor einigen Jahren, das meine besondere Faszination für die Flüsse weckte: Unvergessen die in der Strömung wehenden blütenübersäten Teppiche des Wasserhahnenfußes, die eisige Wucht des schnell dahinfließenden Wassers, die mich von den Beinen riss und mich, anders als jeder See, die Kraft des Elementes beim Schwimmen spüren ließ. Vielleicht ist es aber auch die Ruhe, die mich überkommt, wann immer ich an einem Fluss sitze und dem Wasser beim Fließen zusehe. Flüsse sind gleichmütig. So gleichmütig, wie ich mir ersehne zu sein, wenn das Leben mich in die Hand nimmt und umherwirft. Gern würde ich dann dem Fluss gleichen, der unbeeindruckt von allem seinen Weg geht.
Oft schon haben Dichter das menschliche Leben mit einem Fluss verglichen. Aus der Quelle entspringt, was im Verborgenen tief unter der Oberfläche schon längst da war. Wir nennen die Quelle den Anfang, weil zutage tritt, was wir sehen können. Und doch war das Wasser immer da. In den Tiefen der Erde, im Meer, in der Atmosphäre. Wie wir mit der Geburt ins Leben treten, begibt sich auch das Wasser des Flusses seit Jahrtausenden von der Quelle auf den Weg zur Mündung. Der Fluss ist schmal und jung am Anfang seines Laufs, kaum mehr als ein Rinnsal, ein Bächlein. Und wie ein Kind wächst er auf seinem Weg zu Tal, zum Meer. Kleinere Ströme fließen ihm zu, jede Begegnung bereichert ihn – er wird breiter, tiefer, wird erwachsen. Der Fluss bewegt sich durch das Land durch die Zeit. Sein Weg zur Mündung ist nicht gerade. Er fließt in weiten Bögen und umarmt das Land. Über lange Strecken zieht er gemächlich, fast hypnotisch langsam, an anderen Stellen hat er es eilig, strömt schnell und rauschend. Er hinterlässt Spuren, formt die Landschaft, tritt mit Macht über die Ufer, schleppt Sande, Steine und menschliche Hinterlassenschaften mit sich, um sie an anderer Stelle fallen zu lassen – so wie auch wir immer wieder alte Zeiten und gewohnte Dinge hinter uns lassen – bis er schließlich ins Meer mündet. Der Tod ist nicht das Ende, möchte ich glauben. Das Meer wird nicht voller von den Flüssen, die sich darin entleeren, denn ihr Wasser verdunstet und kehrt zum Ursprung zurück. Der Kreislauf schließt sich. Nichts geht verloren. Das ist ein tröstlicher Gedanke, wenn man am Fluss sitzt.
Die durchschnittliche Verweildauer eines Wassermoleküls in einem Fluss von der Größe der Werra (und später der Weser) beläuft sich auf mehrere Wochen – abhängig von der Geschwindigkeit der Strömung, der Menge des Niederschlags und anderer Faktoren. Der Fluss scheint immer gleich, wenn ich an seinen Biegungen stehe, und doch ist er täglich ein anderer, ein neuer Fluss mit neuen Wassern, die sich auf den Weg durchs Land begeben.

Viele Jahre bin ich an jedem Arbeitsmorgen über die gleiche Brücke gefahren. Die Kamera immer griffbereit, wenn der Nebel und das Licht eine Sondervorstellung gaben. Und mir wurde bald klar, dass kein einziger Moment wiederholbar ist. Jeden Morgen denselben Fluss, über die dieselbe Brücke, zur selben Zeit zu überqueren hieß, dennoch jeden Tag einem anderen Fluss zu begegnen. Eine winzige veränderte Nuance in den Farben des Lichts, ein plötzlicher Wolkenfetzen vor der Sonne, ein halbes Grad mehr oder weniger veränderten die Szenerie vollkommen. Ich lernte, anzuhalten um jeden Preis, wenn der Moment eingefangen werden musste.
Als ich anderen von der Idee meines Werra-Buches zu berichten begann, hatte fast jeder von ihnen eine Geschichte vom Fluss zu erzählen. Es schien, als hätten sie alle auch eine besondere Liebe zur Werra. Vielleicht ist es tatsächlich so, dass wir uns an den Flüssen wiederfinden, dass sie Lebensadern in mehr als nur einer Hinsicht sind. Dass ihre unbekümmerten Fluten leichthin davontragen können, was uns bedrückt und beschwert.

Vom Beginn der Reise

Pa·ra·dies

/Paradiés/

Substantiv, Neutrum [das]

1. Schöner Garten mit üppigem Pflanzenwuchs und friedlicher Tierwelt

2. Ort des ungetrübten Friedens, des Glücks und der Ruhe, der den ersten Menschen von Gott zum Aufenthalt gegeben wurde

An der Flussbiegung bei Neuhof

Auenwiese zwischen Werra und Forstloch

Meine Wanderung beginnt an der Biegung des Flusses. In einem scharfen, nahezu rechten Winkel strömt die Werra munter plätschernd kurz hinter der Handvoll Häuser des Neuhofs in Richtung Wartburgkreis. Gesäumt von weiten Wiesenflächen, auf denen das Gras mit blühenden Halmen im Wind wogt, schlängelt sich der Fluss in vielen engen Kurven nach Immelborn. Von ihren Quellbächen im Schiefergebirge hat die Werra bis hierher rund einhundert Kilometer und damit mehr als ein Drittel ihrer beinahe dreihundert Kilometer Gesamtlänge zurückgelegt. Doch noch immer ist sie kein breiter Strom: Das gegenüberliegende Ufer ist vielleicht fünfzehn oder zwanzig Meter entfernt.

März und April waren regenreich. Das Gras in der Aue steht schon beinahe hüfthoch. Ein Meer gründuftender Brennnesseln und wehrhafter Kratzdisteln säumt das Flussufer zwischen den hohen Pappeln und Silberweiden. Es ist mühsam, bis zur Wasserkante vorzudringen, doch dann bin ich mit dem Fluss allein. Ich atme tief ein und versuche, einmal mehr zu erkunden, wonach Flüsse riechen und was diesen unverwechselbaren Geruch ausmacht. Flüsse strömen einen kräftigeren Duft aus als Seen. Ihr Geruch ist in der Intensität mit dem Sehnsuchtsduft der Meere zu vergleichen. Wasser selbst ist geruchlos. Verbindet es sich aber mit etwas anderem – mit dem Moderdunst des Schlamms, mit dem Gründuft üppiger Pflanzen, mit dem Geruch von nassem Holz, Algen und wasserbenetzten Steinen – entsteht jener einzigartige Atem des Flusses, den ich wahrnehme, bevor ich seine Ufer erreiche, seine Wasser sehe.

In südlicher Richtung fassen hohe bewaldete Hügel das Flusstal ein. Dort zieht, kaum eine Stunde nachdem ich losgelaufen bin, allen Vorhersagen zum Trotz ein Unwetter auf. Es regnet und stürmt unvermittelt. Ich flüchte mich in den Windschatten einer mächtigen Pappel und beobachte, an ihren Stamm gelehnt, die rasch zu meinen Füßen dahinfließende Werra. Am gegenüberliegenden Ufer zieht eine Bewegung meinen Blick auf sich. Ein Tier mit braunem Fell schickt sich an, ins Wasser zu gleiten. Eine Nutria, denke ich im ersten Moment, bis ich den breiten flachen Biberschwanz sehe. Der Biber taucht gemächlich in den Fluss ein und ein paar Meter weiter wieder auf. Regen fällt in dicken Tropfen auf das Wasser, der Wind rauscht in den hohen Kronen der Pappeln. Als er ein weiteres Mal abtaucht, bleibt er meinem Blick fortan verborgen. Biber tauchen sechs Minuten und länger. Bei Gefahr harren sie bis zu einer Viertelstunde reglos unter Wasser aus. Dies ist der erste wildlebende Biber, den ich meinem Leben sehe. In Südthüringen waren sie mehr als dreihundert Jahre ausgestorben. Seit einigen Jahren sind sie an der Werra und ihren Zuflüssen wieder heimisch. Staudämme oder Knüppelburgen sind am Werralauf jedoch kaum zu finden. Da dem Biber der Wasserstand in der Regel ausreicht, gräbt er sich einen Erdbau ins Ufer, dessen Eingang unsichtbar unter Wasser liegt.

Die Landschaft zwischen Neuhof und Immelborn ist paradiesisch. Das Naturschutzgebiet „Forstloch-Riedwiesen“ ist eine der großen naturnahen Auenlandschaften entlang der Werra und zählt mithin zu den artenreichsten Gebieten im südlichen Thüringen. Schon in der DDR wurde die Flussaue als „Feuchtgebiet von nationaler Bedeutung“ unter Naturschutz gestellt. Das Forstloch ist ein natürlich entstandener See, zwei weitere, ebenfalls geschützte Seen blieben nach dem früheren Kiesabbau zurück. Mit den Badeseen in Immelborn und den Breitunger Seen bilden sie eine weitläufige Wasserlandschaft entlang der Werra.

Rastende Graugänse

Am Kiessee

Das Forstloch ist von weiten Röhrichtfeldern eingefasst und für Neugierige, bis auf einen schmalen Bereich am westlichen Ufer, unerreichbar. Am östlichen Ufer, zur Werra hin, erstreckt sich ein urtümlicher Auwaldrest, der geflutet wird, wenn der Fluss bei hohem Wasserstand über die Ufer tritt.

Der Regen hat nachgelassen. Ich verlasse die Werra und folge dem breiten Graben, der den Fluss mit der Aue verbindet, zum Waldsaum hin. Im Urwalddickicht des Wäldchens winden moosüberwachsene Bruchweiden ihre Äste bogig über dem morastigen Grund, der unter meinen Füßen vor Feuchtigkeit schmatzt. Lianen der Waldrebe und lange Brombeertriebe ranken zwischen den Ästen, Brennnesseln wuchern dicht an dicht im Zwielicht. Weiden können, ohne Schaden zu nehmen, über einhundert Tage im Wasser stehen. Sie sind neben Erlen und Pappeln vorherrschend in der – nach dem weichen Holz dieser Baumarten benannten – Weichholzaue. Diese schwer zugängliche Wildnis ist ein kostbarer Lebensraum für scheue Tierarten. Einst waren weite Bereiche der Flussauen von dichten Wäldern bewachsen, die in regenreichen Zeiten unter Wasser standen – sie waren und sind Europas artenreiches Gegenstück zu den Regenwäldern der Tropen. Und wenngleich Auen heute weniger als zehn Prozent der Gesamtfläche Deutschlands ausmachen, sind mehr als die Hälfte aller heimischen Pflanzen in den Flussauen zu finden und besonders viele Tierarten. Der Biber ist ein wichtiger Auwaldbewohner. Seine Bau- und Holzarbeiten lassen ruhige Wasserzonen für Fische und Insekten entstehen. Er fällt einzelne Bäume und schafft so Platz für andere Pflanzen. Die jahreszeitlichen Überflutungen unterwerfen die Flussaue einem steten Wandel. Die wechselnden Wasserstände und Strömungen lassen den Fluss seinen Verlauf verlagern, kleine Inseln und die Strudeltöpfe der Kolke, aber auch flach überströmte Schnellen und Kiesbänke entstehen. In angeschwemmtem Schlick und Totholz entwickeln sich neue Lebensräume. Für die Vielfalt der Lebensgemeinschaften von Pflanzen und Tieren im Fluss, auf den Feuchtwiesen und in den sumpfigen Auwäldern sind die jahreszeitlichen Hochwasser Grundbedingung ihrer Existenz. Je naturnaher der Fluss noch sein darf und je enger er mit seiner Aue vernetzt ist, desto mehr wimmelt es von Lebendigem.
Der Fluss spült bei hohen Pegelständen seine Wasser in das Wäldchen und jede Menge Treibgut, das seine Fluten mitgerissen haben. Ich stoße in der Wildnis auf Autoreifen, Eimer, Kanister, Flaschen, Plastikmüll, Verpackungen, Spielzeug und einen Verkehrskegel. Einiges wird die Werra beim nächsten Hochwasser wieder mitnehmen und weitertragen, anderes bleibt liegen, bis der Pflanzenwuchs es verbirgt. Durch den Wald an das Ufer des Forstlochs vorzudringen, ist unmöglich. Der Sumpf droht, meine Wanderschuhe zu verschlucken, sodass ich vorsichtig, vom vielstimmigen Konzert der Vögel begleitet, einen Weg zurück zum Fluss suche. Der nächste Schauer überrascht mich. In meinen Schuhen sammelt sich unterdessen das Wasser, und meine Hose ist bis hinauf zur Hüfte vom hohen Gras durchnässt. Nach wenigen Minuten bricht die Sonne hinter den blauschwarzen Wolken hervor, ein intensiv leuchtender Regenbogen spannt sich über der Flussaue auf.

Das Wasser in der ehemaligen Kiesgrube ist so klar, dass man unzählige Muscheln und Krebse am Grund sehen kann. Haubentaucher und Blesshühner brüten im Schilf, ein Storchenpaar hockt auf seinem hohen Nest. Im zeitigen Frühjahr und zum Herbstbeginn rasten hunderte Zugvögel, darunter

Fischadler und Kraniche, auf den Wiesenflächen. Knapp zweihundert verschiedene Vogelarten wurden in Zählungen erfasst, auch viele seltene, vom Aussterben bedrohte wie die Bekassine, der Drosselrohrsänger und das hübsche Blaukehlchen.
Die spiegelnde Wasserfläche des Kiessees doppelt die düsteren Wolken und ihre Zwischenräume aus gleißendem Licht. Ein Haubentaucher zerschwimmt keckernd das Ebenbild des dramatischen Himmels auf dem Wasser. Es wird Abend und Zeit für mich, den Rückweg anzutreten. In den dicht verwobenen Hecken zwischen den Seen flöten Nachtigallen. Ich schreite zügig aus, als mich ein ungewöhnlicher Vogelgesang trotz der kalten Füße innehalten lässt. Ein laut schnarrendes, sirrendes Geräusch, minutenlang auf einer Tonhöhe. Wer den Gesang des Rohrschwirls hört, versteht, warum er seinen Namen trägt: Der unscheinbare, sperlingsähnliche Vogel klingt wie ein schwirrendes Insekt, wie eine Zikade aus südlichen Ländern, nicht jedoch wie ein Vogel, der in unseren heimischen Röhrichten haust.

Die Werra mit ihren weiten Auen vor Immelborn ist ein Naturidyll. Kaum vorstellbar, dass sie noch vor wenigen Jahrzehnten einer der schmutzigsten und belastetsten Flüsse in Europa war. Mangelnde Aufbereitung der Abwässer privater Haushalte ebenso wie der Industrie in der DDR hatten die Werra und andere Fließgewässer der Region zu traurigen Abwasserleitungen werden lassen. Durch den Ackerbau, der an vielen Stellen direkt bis an die Uferböschungen der Flüsse betrieben wurde, schwemmten Hochwasser und starker Regen Gülle und Agrarchemikalien in die Gewässer. Besonders verheerend aber war die Versalzung der Werra durch die Abwässer der Kaliindustrie, die bis heute noch rund fünfundzwanzig Flusskilometer stromabwärts eingeleitet werden. Vor vierzig Jahren war das Wasser der Werra zeitweise salziger als die Nordsee, ihre Ufer waren an vielen Stellen weiß vom auskristallisierten Salz.
Mit dem politischen Zusammenbruch der DDR veränderte sich die Situation für die Werra: Die ostdeutschen Kaliwerke schlossen, moderne Kläranlagen wurden errichtet und die Einleitung von Kalisalzen begrenzt. Seither hat sich der Fluss spürbar erholt. In warmen Monaten sind unzählige Paddler unterwegs, an manchen Stellen im Oberlauf des Flusses wird sogar wieder gebadet.

Vom **Fluss** aus betrachtet

Ge·*nist*

/Genist/

Substantiv, Neutrum [das]
dichte Verflechtung, Zusammenballung von Stroh, Laub, Reisig und Ähnlichem
veraltet: Nest

Weidenriese am Ufer nahe Immelborn

Auf dem stillen Fluss zwischen Barchfeld und Bad Salzungen

Nach den nassen Erfahrungen im hohen Gras beschließe ich, die Zeit bis zur ersten Mahd der Wiesen zu überbrücken und mit dem Boot weiterzuwandern. Mit Bus und Bahn reise ich an einem Montagnachmittag von Tiefenort nach Immelborn und laufe mit dem Packraftboot im Rucksack zur Werra, bis zu jener Stelle nahe der Kiesseen, an der meine erste Wanderung im Regen endete. Als ich das Boot unten am Fluss ablade, scheuche ich eine Nilgansfamilie auf. Ein Küken wird von der eiligen Strömung erfasst und abgetrieben. Es fiept verzweifelt, die Gänsemutter ruft laut und lockend, aber traut sich nicht, an mir vorbei zu ihm zu schwimmen. Ich verlasse eilends das Ufer, klettere die Böschung wieder hinauf und verberge mich hinter den hohen Brennnesseln. Als sich das Küken findig aus der Strömung der Flussmitte paddelnd in die ruhigen Uferbereiche rettet, atme ich erleichtert auf. Dann wagt auch die Gänsemutter, gefolgt vom Rest der Familie, den Abstand aufzuholen. Laut schimpfend schwimmen sie davon, das gerettete Gänslein in ihrer Mitte.

Neben einer aus dem Fluss aufragenden uralten Weide, deren Stamm mehrere Männer nur mit Mühe umfassen könnten, schiebe ich das kleine Schlauchboot in den Strom. Der erfasst das leichte Wasserfahrzeug und trägt mich davon. Zunächst bin ich mit dem Boot beschäftigt, mit der richtigen Sitzposition und dem geeigneten Paddelschlag, mit der Kamera und den vorbeieilenden Ufern. Wann immer ich versuche, ein Foto zu machen, und die Paddel ruhen lasse, weil ich dazu beide Hände brauche, dreht sich mein Schiffchen, und das Motiv entschwindet dem Sucher. Nach einer Weile gebe ich auf und überlasse mich dem Fluss und dem stillen Schauen. Den Fluss vom Fluss aus wahrzunehmen, während das Boot stromabwärts gleitet, gleicht einer Reise durch ein unbekanntes Land. Die Perspektive ändert sich. Es ist, als würde ich mit den Augen des Flusses sehen können, wie die Welt beschaffen ist, an der seine Wasser sich reiben.

Zwischen Immelborn und Bad Salzungen ist die Werra an beiden Ufern von einem dichten Gehölzsaum eingefasst. Mächtige Pappelstämme ragen mit ihrem Wurzelgeflecht wie urtümliche Fundamente einer Festung aus dem Wasser auf und schützen das Ufer vor dem steten Nagen des Flusses. Knorrige Bruchweiden und dickstämmige Silberweiden recken die Äste zur Flussmitte hin. Das intensive Maigrün der frisch belaubten Bäume spiegelt sich auf der Silberhaut des Wassers. Kleine Strudel quellen auf, wellen das Bild. Unter dem dichten Bewuchs der Ufer steht die Werra schwarz und unergründlich. Ein Stockentenpaar fliegt auf, als das Boot vorübergleitet. Eine Bachstelze trippelt mit wippendem Schwanz über einen halb versunkenen Ast, von irgendwoher erklingt der charaktervolle Gesang einer Nachtigall. Ich lausche verzückt. Myriaden von Mücken schwärmen dicht über der Wasseroberfläche: Leuchtende, schwirrende Sternenhaufen im gleißenden Sonnenlicht. Eine Bisamratte schwimmt eilig, gegen die Strömung, an mir vorbei. Bis auf das vielstimmige Zwitschern der Vögel und das gelegentliche leise Plätschern, wenn der Fluss ein Hindernis in seinem Lauf – einen aufragenden Ast etwa – umfließt, ist eine große Stille auf dem frühlingsgrünen Wasser. Ich lasse das Boot gleiten, um die Ruhe nicht zu stören. Wie ein Stück Treibgut trudelt es behäbig stromabwärts, ich werde Teil des träge dahinfließenden Stroms.

Eisenbahnbrücke nahe Tiefenort

Genistansammlungen am Flussufer

Entlang des Spülsaums der Ufer hängen, seltsamen Früchten gleich, Geniste aus abgebrochenen Zweigen, Holzstücken und Zivilisationsresten in den Bäumen und Büschen. Jedes Hochwasser formt die geheimnisvollen Gebilde weiter, schnürt sie enger, ergänzt neue Stücke, trägt andere davon. Verwitterte Teile von Plastiktüten, verwoben in einem Bündel aus Schilfhalmen, Schnurresten, verblichenen Aststückchen und einem, wie eine tibetische Gebetsfahne heraushängenden, Wäscheetikett flattern über der Strömung des Flusses. Was an kultische Objekte erinnert, ist Bestandteil natürlicher Gewässerlandschaften. Genist ist Lebensraum für eine Vielzahl von Tierarten. Untergetauchtes Geschwemmsel beherbergt Jungfische, über dem Wasser bewohnen unzählige Schneckenarten die Genistansammlungen. Die Grenze zwischen Natur und Müll ist nicht trennscharf zu ziehen. An manchen Stellen des Flusses wachsen ganze bewohnte Skulpturen aus Unrat an den Uferbäumen empor.

Dann ist die Luft für Augenblicke erfüllt vom singenden Flug zweier Höckerschwäne. Das metallische Sausen, das ihre kraftvollen Flügelschläge verursachen, wenn ihnen der Wind durch die Federn streift, ist schon von Weitem zu hören. Ihre Schatten gleiten übers Wasser. Ich lege den Kopf in den Nacken und folge ihrem Flug. Schwäne sind imponierende Geschöpfe. Anmutig und wehrhaft zugleich. Ein Schlag ihrer Flügel kann ernste Verletzungen verursachen. Ihr Name geht auf das indogermanische Wort *suen* zurück, das so viel wie *rauschen* oder *tönen* bedeutet. Das pfeifende Lied ihrer Fluggeräusche entfernt sich nun rasch und verklingt.

Der Fluss fließt eilig dahin. Ich erreiche viel zu schnell Bad Salzungen und erhasche Blicke auf eine ganz unbekannte Seite der eigentlich vertrauten Stadt. Wie oft habe ich hier am Morgen an der Brücke angehalten und den Nebel über der Werra im Licht der aufgehenden Sonne fotografiert, wie oft saß ich zum Mittag auf jener Bank am Ufer – vom Wasser aus betrachtet sehen die gewohnten Plätze anders aus.

Ich könnte ewig stromabwärts treiben, allein mit dem Fluss und an nichts außer den Fluss denken wollend. Ich fürchte, dass ich allzu bald in Tiefenort ankommen könnte und meine herrliche Reise endet, aber der Fluss hat anderes mit mir vor.
Hinter der Kreisstadt lichtet sich der Gehölzsaum, und die Werra durchfließt nun ausgedehnte Auenwiesen. Ihre Fließgeschwindigkeit verringert sich, und sie windet sich träge in unzähligen weiten Bögen durch das Land. Die vermeintlich kurze Strecke nach Tiefenort, die ich im Auto sitzend in wenigen Minuten bewältige, wird zu einer mehrstündigen Reise. Die Sonne steht inzwischen schon tief über dem Horizont und taucht den Fluss in ein goldenes Licht. Wenn ich nicht im Dunkeln ankommen will, muss ich jetzt paddeln. Ich pflüge durchs Wasser und erwarte hinter jeder Biegung sehnsüchtig die ersten Häuser des Dorfes.

Meine nackten Füße werden kalt. Die Schuhe sind nass, weil ich am Wehr vor Bad Salzungen ins Wasser steigen musste, um das Boot über Land zu tragen. Schließlich verschwindet die Sonne hinter der Uferböschung, und noch immer ist kein Haus zu sehen. Eine feuchte Kühle legt sich über den Fluss. In der Dämmerung, wenn die Sonne nicht länger auf dem Wasser glitzert, wird auch der Fluss dunkel und geheimnisvoll. Sein Wasser strömt schwarz und bedrohlich. Eine ungezähmte Kraft, der ich mich plötzlich ausgeliefert fühle, so allein in meiner Nussschale. Mit erstaunten Blicken mustert mich ein einsamer Angler, als ich im Halbdunkel an ihm vorbeifahre. Ich bin erleichtert, als ich das Dorf erreiche. Über den Himmel hat sich im Westen ein dunkles Lachsrosa gelegt. Kein Mensch ist mehr in den Gärten. Am Ausstieg vor dem wild schäumenden Wehr aber sitzt ein älterer Mann auf einer Bank am Flussufer, als hätte er auf mich gewartet und gewusst, dass ich seine Hilfe brauche, um mich und das Boot sicher an Land zu hieven.

Vom weißen Gold

sal·zig

/sálzig/

Adjektiv

1. viel Salz enthaltend

2. Sinneseindruck, [stark] nach Salz schmeckend

Wiesenweg entlang der Werra kurz hinter Tiefenort

Wildrosen im Ufersaum

Zwei Wochen später, an einem heißen Juninachmittag, wandere ich von Tiefenort weiter nach Merkers. Ein Weg, den landwirtschaftliche Fahrzeuge geebnet haben, führt entlang des Flusses durch eine ausgedehnte Wiesenaue. Das Gras steht üppig und inzwischen schulterhoch, an manchen Stellen überragen mich die blühenden Halme. Ihre gelben kurzen Staubfäden rieseln im Vorübergehen auf meine nackten Arme und lassen sich weitertragen. Die Werra ist hinter Weiden und einem dichten Buschwerk verborgen, in das wilde Rosenhecken ihre pinkfarbenen Blüten gewoben haben. Die Luft sirrt vor Hitze, und emsig schwirrenden Insekten. Am anderen Ende des Flusstals erhebt sich der markante Kegel des Krayenbergs, zu seinen Füßen ist Merkers im Hitzedunst erkennbar. Die hohen Fördertürme des alten Kali-Bergwerks überragen noch immer die Dächer des Dorfes. Das Land, auf dem ich gehe, auf dem sich das Gras in der Sommerbrise wiegt, ist über unzählige Quadratkilometer hinweg vom Salzabbau unterhöhlt.

Über Zeitalter lag das Salz mehrere hundert Meter tief unter der Werra verborgen. Die mächtigen Lagerstätten entstanden vor zweihundertfünfzig Millionen Jahren, als die Erde noch aus einem riesigen Kontinent bestand und Teile des urtümlichen Zechsteinmeeres verdunsteten. Jüngere Gesteinsschichten überdeckten das weiße Gold und pressten es tiefer in die Erde hinein. Viele Millionen Jahre vergingen, in denen das Salz in der Tiefe den Verwerfungen der entstehenden Kontinente ausgesetzt war. Gebirge schoben sich darüber entlang, denen schließlich die ersten Flüsse entsprangen.
Die Ur-Werra floss durch eine üppige Auenlandschaft mit Laubbäumen und Nadelgehölzen, gesäumt von einem Uferdickicht aus wasserliebenden Bäumen und wuchernden Krautgewächsen. Vor reichlich einer Million Jahren, lange bevor die ersten Menschen in der Gegend ankamen, durchstreiften Dolch- und Säbelzahnkatzen die Auwälder, Elefanten, urzeitliche Yakvorfahren und Nashörner suchten den Fluss zur Tränke auf. Im flachen Wasser an den Ufern der Werra standen Flusspferde – die größten, die die Welt je sah. Das *Hippopotamus antiquus* erreichte eine Kopf-Rumpf-Länge von vier Metern und ein Gewicht von weit über drei Tonnen. Eine Flutkatastrophe, die sich zwischen dem heutigen Untermaßfeld und Meiningen ereignete, hinterließ der Nachwelt im Werratal eine der fundreichsten paläontologischen Grabungsstätten weltweit.[1]
Noch einmal verstrichen Jahrtausende, in denen das Salz unbemerkt unter Buntsandstein und Muschelkalk verborgen lag. Es waren die Quellen mit salzhaltigem Wasser, die emporsprudelten und das kostbare Wunder aus der Tiefe schließlich enthüllten. Steinzeitliche Jäger und Sammler durchstreiften das Land – sie waren wahrscheinlich die ersten, die das salzige Geheimnis der Quellen entdeckten. Ebenso wie die Hirten der späteren Bronzezeit verwendeten sie das Wasser der Salzquellen zum Kochen. Vor dreitausend Jahren hatten die ersten Stämme in Mitteleuropa – vielleicht als Salzwasser auf heißen Steinen zufällig verdampfte – erkannt, dass man das Salz aus dem Wasser heraussieden kann. Besonders versiert darin waren die Kelten, die vor über zweitausend Jahren an der Werra siedelten. Salz war der Stoff, der Vergängliches haltbar machte, der Fleisch und Fisch konservierte und die Menschen der frühzeitlichen Stämme über den Winter brachte. Die Salzgewinnung aus den Quellen war aufwendig: In tönernen Krügen und eisernen Pfannen wurde das salzige Wasser über dem Feuer erhitzt und so lange verdunstet, bis eine Handvoll weißer Kristalle übrig blieb.

[1] Erd- und Gesteinsmassen, die nach einem Hangrutsch in der Werra ein Hindernis bildeten, sorgten dafür, dass sich in dessen Fließschatten hunderte, flussaufwärts bei der Flut zu Tode gekommene Wirbeltiere ansammelten.

Wildes Wasser unweit von Merkers

Blick über die Wiesen zur Dorfmitte von Merkers

In den hohen Werrawiesen steht mit großen, violetten, zartgeäderten Blütenkelchen der buschige Storchschnabel, noch eben leuchtet der Hahnenfuß zwischen den Gräsern hervor, als wenige Meter weiter die üppigen Wiesen plötzlich enden und in eine dünn gesäte, niedrige Graslandschaft übergehen, in der alle Blumen und Kräuter fehlen. Ich habe eine der Salzwiesen entdeckt, die im Naturschutzgebiet „Merkerser Brühl" in den letzten Jahren entstanden. In der Region um Bad Salzungen sind einige der größten natürlichen Binnensalzstellen Deutschlands zu finden. Während das salzige Wasser des im dichten Schilf verborgenen Erlensees, unweit der Werra zwischen Immelborn und Bad Salzungen, natürlichen Ursprungs ist, sind die Salzwiesen bei Merkers vermutlich eine Folge des Kalibergbaus, der Verpressung von Kaliabwässern, die nun an manchen Stellen aus der Tiefe wieder heraufsteigen. Auf der Wiese steht, trotz der zurückliegenden heißen Tage, wie auf einem asiatischen Reisfeld, flaches Wasser. Es riecht plötzlich nach Wattenmeer und Nordseestrand, sogar die dickfleischigen Queller, typische Wattpflanzen, entdecke ich auf den gräserkahlen Stellen der Salzwiese. Ein Mückenschwarm stiebt auf und umringt mich im Dutzend, aggressiv und hochfrequent summend. Ich schlage um mich und versuche meine nackten Arme, Gesicht und Nacken zu schützen. Die Erkundung der Salzwiese gerät zur Flucht. Schwitzend und außer Atem erreiche ich das Ufer der Werra. Alles juckt. Von Gräserblüten, von den Mückenstichen und von möglichen Zecken, die ich gewiss auch aufgesammelt habe. Die Wasserfläche glitzert verlockend durch die Bäume hindurch. Ein Pfad führt die Böschung hinunter ans Ufer. Ich möchte im Fluss eintauchen, mich abkühlen, in seiner Strömung treiben. Mir fallen alle Geschichten wieder ein, die von leichtsinnigen Bootsfahrern und wagemutigen Schwimmern erzählen, die in der Werra ertranken, und doch ist die Versuchung größer als die Angst. Eine alte Weide liegt über dem Wasser, deren niedrige Äste mich aufhalten können, wenn der Strom mich mitreißt. Nackt gleite ich ins Wasser und taste mit den Füßen hinter der Uferkante nach Grund, doch da ist keiner. Wie in ein tiefes Schwimmbecken lasse ich mich einfach fallen. Ich schnappe nach Luft. Das Wasser ist eisig und herrlich und so tief, dass ich mit meinen Füßen nirgends den Boden erreichen kann. Einige Schwimmzüge weit komme ich in Richtung Flussmitte, dann packt mich auch schon die Strömung und treibt mich auf die Weide zu, an der ich sanft lande, Atem schöpfe und mich festhalte. Ich schwimme tatsächlich in der Werra. Noch näher kann ich meinem Fluss nicht kommen.
Die Wurzeln des Baumes als Haltegriffe nutzend, klettere ich schließlich aus dem Wasser und setze mich ans Ufer. Wollige Weidensamen treiben wie Schneeflocken in der Luft. Dutzende Gebänderte Prachtlibellen umschwirren die Rispen des Uferschilfs. Ihre Doppeldecker-Flügel glänzen in der Sonne metallisch, changieren zwischen tiefem Saphirblau und leuchtendem Smaragdgrün. Spielerisch jagen sie einander mit deutlich vernehmbarem Flügelflattern – ein Schwarm übermütiger Feen, der in diesem Moment, in dem ich nass vom Flusswasser glücklich in der Sonne sitze, das Ufer verzaubert. Giersch umsteht meinen Badeplatz in hohen Stauden mit weiß blühenden Dolden, Klettenlabkraut und Ackerwinde, Brennnesseln und Disteln, Rispengras und Kälberkropf haben sich zu einer dichten grünen Masse verwoben, die das Ufer vor allen Blicken verbirgt.

Ich folge einem Impuls, schöpfe mit der hohlen Hand Flusswasser und probiere einen kleinen Schluck. Es ist kein Salz herauszuschmecken. Die Stellen, an denen viele Kubikmeter Kalilauge in den Fluss geleitet werden, liegen weiter flussabwärts. Doch die natürlichen Salzquellen und das Wasser der artesischen Brunnen mit hochprozentiger Sole fließen bereits bei Bad Salzungen in die Werra.

Das Salz bestimmt bis heute die Geschicke und den Wohlstand der Werrastadt. Im Mittelalter gewannen die Siedehütten von *Salsunga* unter großem Aufwand und enormem Holzverbrauch aus dem Wasser der Quellen etwa hundert Kilogramm Salz in einer Woche. Es dauerte nicht lange, und die umliegenden Wälder waren abgeholzt. Kiefer- und Fichtenstämme mussten über lange Distanzen auf der Werra nach Salzungen geflößt werden und machten die Salzherstellung teuer. So wurden im sechzehnten Jahrhundert die ersten Gradierhäuser gebaut. Riesige Wasserräder an der Werra und ihren Kanälen betrieben Pumpen, die das salzhaltige Wasser der Quellen – die Sole – auf die hohen, mit tausenden Schwarzdornzweigen bestückten Gradierwände beförderten. Viermal rieselte es langsam von oben über die Domwände herab, das Wasser verdunstete, die Sole wurde um mehrere Grade salziger, und beim anschließenden Sieden konnte Holz gespart werden. Vierundzwanzig solcher Gradierwerke waren damals an beiden Seiten der Werra zu finden, einige fast vierhundert Meter lang und acht Meter hoch.
Es dauerte weitere Jahrhunderte, bis die findigen Salzunger auf die Idee kamen, im Erdreich zu bohren und Sole aufzuspüren, die höher konzentriert war als jene aus den natürlichen Quellen. 1842 gelang es tatsächlich, in rund einhundertfünfzig Metern Tiefe eine Sole aufzuspüren, die statt der bisherigen sechs nun siebenundzwanzig Prozent Salzgehalt hatte. Dennoch vergingen noch einmal fast fünfzig Jahre, bis die Geologen daraus die richtigen Schlüsse zogen und das Vorhandensein einer großen Salzlagerstätte unter dem Werratal für möglich hielten. Zu diesem Zeitpunkt war aus Salzungen längst ein mondänes Kurbad geworden. Dessen Reichtum verdankte sich nicht länger der Gewinnung von Salz, sondern den Kurgästen, die an den Wänden der Gradierwerke spazieren gingen und den heilsamen Solenebel einatmeten. 1892 schließlich konnte bei Kaiseroda der erste Nachweis von Kalisalzen in einer Tiefe von fast vierhundert Metern beurkundet werden. Der Bergbau in einem der größten Kali-Abbaugebiete der Welt mit heute mehreren Tausend Beschäftigten nahm damit seinen Anfang.

Die Vergangenheit liegt nicht hinter uns, sondern unter unseren Füßen. Was war, verschwindet nicht. Es ruht nur – wie die jahrtausendelang verborgenen, mächtigen Salzstöcke im Werratal – unter den Schichten, welche die abgelaufene Zeit darübergehäuft hat. Das Salz prägt das Leben im Werratal bis heute. Es prägt den Fluss, die Landschaft und das Leben aller. Ein Buch über die Werra zu schreiben heißt also auch, über das Salz zu schreiben. Beides ist untrennbar miteinander verbunden.

Als ich mich von meiner Badestelle, den flatternden Feenlibellen und meinen Gedanken an das Salz losreiße, ist der Nachmittag verronnen. Das Abendläuten der Tiefenorter Kirchenglocken weht über die Auenwiesen heran. Ich schreite zügig aus und erreiche eine knappe Stunde später den Ortsrand von Merkers. Durch den schattigen Nesselgrund, unter den duftenden Holundern, immer am Fuß des Krayenberges entlang, trete ich den Rückweg nach Tiefenort an.

Von Burgen und Schlössern

---

trutzen

/tʀʊt͡sn̩/

Verb

veraltet: sich gegen etwas oder jemanden wehren, widerstehen, trotzen, standhaft bleiben

---

Der Krayenberg

Sprießendes Bingelkraut am Waldboden

Es ist etwas merkwürdig Anziehendes an diesem Berg, der sich weithin sichtbar aus den Auen des Werratals erhebt. Etwas, das den schweifenden Blick einfängt und verharren lässt. Der Kegel des Krayenberges wächst über dem rechten Ufer des Flusses empor und ragt wie eine Insel aus der Landschaft. Seine Hänge fallen steil zu Tal, nur im Osten senkt sich ein schmaler Rücken nach Tiefenort hin, auf dem ein Wanderweg hinauf zum Gipfel führt.
Wie ein Wächter hält der Berg Ausschau über den Windungen der Werra. Man erzählt sich von einem Bergheiligtum, das in vorchristlicher Zeit dort oben gewesen sei, von einer Wallburg, die schon fünfhundert Jahre vor unserer Zeitrechnung den Werratalbewohnern Schutz bot, von einer steinernen Burg, die im siebenten Jahrhundert erbaut wurde, weswegen die Krayenburg eine der ältesten Burgen im heutigen Deutschland sei, und man erzählt sich von einer mächtigen, mittelalterlichen Burganlage, die die Wartburg einst in den Schatten gestellt hätte. Man erzählt sich viel über die Krayenburg – doch die Anfänge ihrer Geschichte liegen tatsächlich zumeist im Dunkel der Vergangenheit.

Als ich mich an den Aufstieg mache, ist der „Krähenberg“ in den betörend süßen Duft von Holunderhecken gehüllt, die längs des Weges, übersät von weißen Blütendolden, üppig wachsen. Wo Erosion die Bergflanke entblößt hat, türmt sich der Buntsandstein Schicht auf Schicht, als lägen die Akten vergangener Zeitalter hier aufgestapelt. Seit meinem Bad in der Werra ist über eine Woche vergangen und ich habe Sehnsucht nach dem Fluss und dem Gehen am Fluss. Für eine Flusswanderung ist angesichts meines vollen Terminkalenders keine Zeit, aber ich habe auf dem Heimweg von Bad Salzungen spontan beschlossen, mir eine kleine Auszeit zu stehlen und den Krayenberg zu besuchen. Ich trage Bürokleidung: Einen geblümten Rock und einen weißen, enganliegenden Pullover – alles andere als passende Wanderkleidung, aber immerhin finde ich noch ein paar flache Schuhe im Auto.
Ich lasse den Wagen auf halber Strecke stehen und gehe die letzten Kilometer durch den Wald zu Fuß. Es ist etwas an diesem literarischen Gehen, diesem schreibenden Wandern, das süchtig macht. Das ist ein anderes, stärkeres Wahrnehmen aller Dinge um mich herum. Um den Fluss in Worte zu fassen, muss ich noch genauer hinschauen und hinfühlen, als ich das gewöhnlich tue. Ich möchte nicht nur mit allen Sinnen aufnehmen, was sich vor mir ausbreitet, sondern ich will auch wissen, welcher Vogel gerade singt und wie die Pflanzen am Wegesrand heißen. Selbst das gewöhnliche Gras wächst in unzähligen verschiedenen Arten, von denen eine jede ihren Namen hat. Das Wollige Honiggras, das Wiesen-Knäuelgras, das Rispengras, das Wohlriechende Ruchgras, das Welsche Weidelgras oder der Wiesenfuchsschwanz sind nur eine Handvoll der über siebzehntausend Arten von Gräsern, die es auf der Welt gibt. Ich muss nicht alle Gräser kennen und bestimmen können, ebenso wenig werde ich je lernen, Vogelstimmen richtig zuzuordnen. Doch die Verschiedenheit der Gräser und die Stimmen der Vögel überhaupt bemerken zu wollen, ist eine bewusste Haltung, die einzunehmen auch heißt, wertzuschätzen und zu lieben, was da mit immer noch ungeheurer Vielfalt um uns herum wächst und lebt.

Wilde Möhre und Wiesenstorchschnabel

Die Klause auf dem Krayenberg

Der Weg führt steil bergan. Am Horizont türmen sich hohe Gewitterwolken, aber noch scheint die Sonne kräftig, und unter dem Pullover wird es rasch viel zu warm. Ich kremple ihn zu einem Bustier zusammen und hoffe, dass ich in diesem Aufzug niemandem begegne.

Der Wald ist still und menschenleer. Wenn ich vorübergehe, rascheln flinke kleine Spinnen deutlich vernehmbar über das trockene Laub am Boden. Ein Waldgeräusch, das mir seit Kindertagen vertraut ist. Weil ich *Google* befragt habe, weiß ich, dass es sich um die fürsorglichen Bodentrichterspinnen handelt, eine der ganz wenigen Arten unter den Wirbellosen, die Brutpflege betreiben und hingebungsvoll ihre Jungen füttern. Es sind die vermeintlich kleinen und unscheinbaren Dinge am Wegesrand, die ganze Welten, einen ganzen Kosmos mit eigenen Geschichten offenbaren, wenn man nur genau hinsieht und hinhört. Und musste man früher noch Bestimmungsbücher durch Flora und Fauna schleppen, gibt es heute Handy-Apps, die das Bestimmen von Tieren und Pflanzen und sogar das Erkennen von Vogelstimmen unkompliziert und kostenlos ermöglichen. Schon vor der Idee zu diesem Buch hatte ich *Flora Incognita*, *Nabu Vogelwelt* und die Vogelstimmen-App *Birdnet* auf meinem Handy installiert. Bei meinen Wanderungen an der Werra kamen alle drei zum Dauereinsatz. Für manche Strecken brauchte ich doppelt so lang, weil ich wissen wollte, wie die vielen Wildblumen, die den Flusslauf säumen, heißen.

Als ich auf dem Gipfelplateau ankomme, muss ich rasch den Pullover richten – es sind Stimmen zu hören. Ich hoffe auf einen Ausblick auf die Werra, doch die Buchen stehen hoch und ringsum dicht an dicht. Linkerhand haben die Überreste der alten Burganlage überdauert. Eine Wand mit leeren Fensterhöhlen, über denen die Rundbögen der romanischen Bauherren noch deutlich auszumachen sind, blickt hinab ins Tal. Davor eine steinerne Fläche, unter der sich gesperrte Kellergewölbe verbergen. Teile der Ringmauer stehen bröckelnd im Sonnenlicht, Gräser und Heckentriebe wuchern auf den Mauerkronen. „Die ersten Veilchen und ein Stück altes Moos lege ich zwischen die Papiere, die ersteren sind nicht weit von den Ruinen gepflückt, die ich gezeichnet mitbringe“, schrieb Goethe an Frau von Stein, als er die Krayenburg besuchte und skizzierte. Schon damals war von der einst mächtigen Burganlage nicht mehr viel übrig.

Vom frühen Mittelalter bis zum ausgehenden neunzehnten Jahrhundert entstanden in Thüringen und insbesondere an der Werra so viele Burgen und Schlösser auf engem Raum wie sonst nur in Nordrhein-Westfalen.[2] Die Franken hatten im sechsten Jahrhundert das Werragebiet erobert und errichteten eine große Anzahl Königsgüter, Zwingburgen und Warten an Plätzen, die für die Verteidigung des eroberten Landes geeignet waren: an Flussübergängen, an Handelsstraßen, auf Berggipfeln und damit besonders häufig an der Werra. Ein weiterer Grund war das Lehenswesen. Treue und militärische Dienste versicherten sich die Herrschenden über die Vergabe von Lehen. Das konnten Ämter sein oder ein Landstrich, oft auch beides zugleich. Weil die Belehnten jedoch Teile ihrer Ländereien weitervergaben und selbst als Lehnsherren auftraten, splitterte sich das Königreich in viele kleine und kleinste Herrschaftsbereiche auf, von denen ein jeder zur Verteidigung gerüstet sein musste.

[2] Forschungsprojekte gehen davon aus, dass es mehr als 25.000 Burgen in Deutschland gab. Aktuell sind Wissenschaftler damit befasst, alle Burgen, von denen Quellen berichten, auf einer Plattform zu erfassen und zu dokumentieren, daher gibt es bislang noch keine wissenschaftlich belegbaren Zahlen zur Burgendichte in Deutschland. Nach dem privaten Statistikportal „Alle Burgen“ hat Nordrhein-Westfalen die höchste Burgendichte, direkt gefolgt von Thüringen.

Blick aus dem Burgturm der Klause

Am Tiefenorter Wehr

Noch heute sind die Ufer des Flusses wie eine Perlenkette von unzähligen Burgen, Burgruinen und Schlössern gesäumt. Etliche davon gehen auf eine fränkische Bebauung zurück. Einige – wie auch die Krayenburg – stehen innerhalb noch älterer Wallanlagen, deren Erbauungszeit oft nicht mehr zweifelsfrei zu klären ist. Gut zu verteidigende Festungsplätze wurden nicht selten über Jahrtausende hinweg benutzt.

Mauerwerksuntersuchungen an der Krayenburg datierten Teile des Baus ins achte Jahrhundert hinein, so waren es vermutlich Franken, die damals den ersten Stein zur Erbauung der Burg setzten. Im hohen Mittelalter wurde sie zu einer offenbar weitläufigen Anlage mit starken Ringmauern und zwei Türmen ausgebaut. Die Krayenburg habe in ihrer Geschichte mehr Besitzer gehabt als Steine, sagen die Menschen im Werratal. Und tatsächlich führten unzählige Herren die Burg durch die Jahrhunderte zu wechselndem Glanz und Niedergang. Im Dreißigjährigen Krieg wurde sie schließlich verwüstet und diente fortan den Bewohnern der umliegenden Dörfer als Steinbruch. Über Jahre waren Frondienstler mit nichts anderem beschäftigt, als Steine vom Berg hinunter ins Tal zu schaffen, wo sie in Häusern und Höfen verbaut wurden. Am Ende des neunzehnten Jahrhunderts ließ Großherzog Carl-Alexander von Sachsen-Weimar-Eisenach die romanischen, kapitellgeschmückten Säulen, die letzten Zeugen der vergangenen Pracht der Krayenburg, aus den Fenstern des Palas entfernen und stellte sie auf der Wartburg im Kommandantengarten auf.

Über siebzig Jahre später nahm die traurige Geschichte der Krayenburg jedoch eine ebenso plötzliche wie erfreuliche Wendung: Auf dem Gelände der alten Feste wurde eine neue Burg errichtet. Die Nachfahren jener Menschen, die einige Jahrhunderte zuvor die Krayenburg Stein für Stein zu Tal getragen hatten, waren es nun, die unter großem Einsatz die verbliebenen Ruinen vor dem völligen Verfall bewahrten und neues Leben auf den Burgberg brachten. Kein Fürst, sondern der Heimatverein der Krayenberg-Gemeinde errichtete ab 1925 eine kleine Burg mit festlichem Rittersaal und einem hohen runden Aussichtsturm auf dem Berg.

Die Tür zur „Klause“, wie der neuromantische Burgbau auf dem Plateau genannt wird, steht offen, als ich den Gipfel erreiche. Der Verein bereitet offenbar eine Veranstaltung vor. Ob ich heiraten wolle, werde ich freundlich gefragt, es gäbe ein schönes Trauzimmer. Ich verneine lachend und sage, dass ich lieber auf den Turm steigen und die Werra sehen möchte. Das darf ich gern, und so klettere ich die vielen Stufen der Wendeltreppe hinauf, bis ich in einem kreisrunden Turmzimmer ankomme, das ringsum von weißen Holzfenstern eingefasst ist. Ich öffne eines und versuche, die Werra zu entdecken. In meiner Vorstellung hatte ich gehofft, von hier oben einen Fluss zu sehen, der sich glitzernd durch das Land windet. Aber der Strom ist noch nicht breit genug. Er verschwindet unter dem dichten Bewuchs seiner Ufer und nur, weil ich seinen Verlauf kenne, kann ich ihn in der Tiefe und in der Landschaft, die sich unter meinem Blick weit in alle Richtungen ausbreitet, ausfindig machen.

Am frühen Morgen, wenn die Sonne aufgeht und das Werratal noch in Nebel gehüllt ist, muss der Ausblick atemberaubend sein. Mit welchem Gefühl müssen die Erbauer der neuen Burg hier oben gestanden haben, als ihr großes Werk vollbracht war. Und all jene, die vor ihnen von diesem Berg ins Tal gespäht haben, mit stolzen wie mit bangen Blicken.

So viele Jahrhunderte voller Schicksale und Geschichten, die von Kampf und Krieg, Verzweiflung und Hoffnung erzählen, verbinden sich mit Burg und Berg. In meiner Vorstellung werden sie alle in diesem Augenblick lebendig: Die Geschichten der Stammesvölker, die ihren Göttern opfern, der Dorfbewohner, die Zuflucht vor Kriegswirren in schützenden Wällen suchen, der mittelalterlichen Herren, die auf der prächtigen Burg Feste feiern, die Geschichten von Verheerung und Leid im Dreißigjährigen Krieg, von Raubbau und schließlich von der Stille, die einzog, als der letzte Burgherr den Berg verließ.

Vom Milan

Ge·schie·be

/Geschiébe/

Substantiv, Neutrum [das]
1. von Gletschern transportierte und in Moränen abgelagerte Gesteinsbrocken
2. Anteil der Feststoffe eines Fließgewässers, der an der Gewässersohle durch das fließende Wasser rollend fortbewegt wird.

Werrablick bei Merkers

Prallhang am Flussufer nahe Kirstingshof

Der Milan spannt die Flügel auf über dem Flusstal, nimmt die Werra unter seine Fittiche und segelt beinahe regungslos in weiten Kreisen am Sommerhimmel. Die frisch gemähten Wiesen am Flussufer unterhalb des Krayenberges versprechen Beute. Sein langgezogener, trillernder Ruf „Uuuuwiuwiuwiu-wiuuu" gellt über das Land – ein Klagen und Jubilieren zugleich.

Wo auch immer ich entlang der Werra gehe und den Blick zum Himmel hebe, entdecke ich einen Milan. Viele Wochen meiner Wanderung habe ich diesen Umstand nicht bewusst wahrgenommen. Rückblickend betrachtet, war der Milan mein nahezu ständiger Begleiter an der Werra. In meiner Fokussierung auf den Fluss und den Weg vor meinen Füßen, hatte ich den Himmel vergessen. Ich hatte die Milane wahrgenommen, am Rande meines Gesichtsfelds – sie gehören zum Landschaftsbild des Sommerhalbjahres, so sehr, dass sie mir beinahe selbstverständlich geworden sind. Milane haben mich seit meiner Kindheit begleitet. Die „Gabelweihe", so nannte sie mein Urgroßvater, kreiste in jedem Frühjahr über unserem kleinen Weiler bei Marksuhl, zunächst allein, dann mit ihrem Brutpartner und im Sommer mit den flügge gewordenen Jungvögeln. Und obwohl er immer ein wenig um seine Hühner bangte, brachte mein Urgroßvater dem majestätischen Raubvogel große Bewunderung entgegen. Wir bewunderten freilich auch die Kiebitze, die im Frühling die Felder mit schwarzweißen Tupfen versahen, und den Formationsflug der Kraniche am Herbsthimmel. Der Milan aber flog nicht als fremder exotischer Gast vorbei, er gehörte vom Frühjahr bis zum Herbst zu uns und zu dem Fleckchen Erde, das wir unser Eigen nannten. Wie der Gesang der Lerchen hoch über den Feldern, wie die dornigen Schlehhecken am Rain, wie der blütenübersäte Holunder ist auch der stolze Milan ein wesentliches Element meines Heimatgefühls.

Heimatvogel Milan. Mehr als die Hälfte aller brütenden Rot- und Schwarzmilane weltweit haben ihr Nest in Deutschland. Es gibt keine andere Vogelart, von der ein so großer Anteil des gesamten Vorkommens die warmen Monate bei uns verbringt. Dass der Milan im Volksmund „Gabelweihe" heißt, verdankt er seinem auffälligsten Merkmal: seinem langen rostroten, gegabelten Schwanz, der sich in ausgiebigen Segelflugphasen wie ein Steuerruder bewegt. Seine Flügelschläge sind tief ausholend, kraftvoll und langsam zugleich, bis zu zwei Metern kann seine Flügelspannweite messen.
Ich habe mich im stoppeligen Gras niedergelassen, um den Milan über mir zu beobachten. Es dauert nicht lange, und ich entdecke weitere der eleganten Greife, die am Azurhimmel ihre Kreise ziehen. Der abgemähte Wiesengrund bietet den scharfäugigen Raubvögeln gute Sichtverhältnisse und womöglich Kadaver ihrer Beutetiere, die die Mahd nicht überlebt haben. Der Milan braucht offene Landschaften mit Wiesen, Äckern, Waldrändern und Gewässern. Neben Nagetieren und kleineren Vögeln frisst er auch Aas: Überfahrene Tiere an Landstraßen oder Mähopfer auf den Wiesen. Milane lieben Flusstäler, wo sie die Aufwinde an den Hängen nutzen und zudem ihren Speiseplan um Fische und Frösche ergänzen können. Es ist also kein Zufall, dass ich entlang der Werra so viele Milane gesehen habe. Auch jagen Milane, anders als Bussarde oder Habichte, nicht von einem Ansitz aus, sondern kreisen oft über Stunden in der Luft. Sie entdecken ihre Beute aus der Höhe und sind zugleich für Beobachter wie mich am Himmel präsent.

Grünes Heupferd im Johanniskraut

Storchennest in Dorndorf

Von der Werrabrücke in Merkers finde ich zunächst keinen Weg oder Pfad entlang des Flusses in Richtung Vacha, so dass ich unter den aufmerksamen Blicken der Milane querfeldein gehe. In das Grün der Wiesen und Feldraine haben sich die ersten Brauntöne gemischt, die Disteln am Ufer tragen lange weiße Haarschöpfe. Kaum bin ich losgelaufen, stoße ich auf das erste Hindernis: Ein Entwässerungsgraben, der zum Fluss hinführt, ist so breit, dass ich ihn an keiner Stelle mit trockenen Schuhen überqueren kann. Dank des Umwegs aber entdecke ich einen Fußpfad durch Wiesen und Felder, nahe der Werra, hinüber nach Dorndorf. Die Luft sirrt vom vielstimmigen, unaufhörlichen Gesang der Grillen und Zikaden, der spätsommerliche Duft von reifem Korn weht mir entgegen. Über eine schmale Fußgängerbrücke erreiche ich die andere Flussseite und lande an der Bundesstraße, die von nun an den Lauf der Werra bis nach Vacha begleitet. Weil ich mir mehr Abstand zu der stark befahrenen Straße erhoffe, wechsle ich an der nächsten Brücke in Dorndorf noch einmal das Ufer. Wenige Schritte weiter mündet die Felda in die Werra. Einst hat das Flüsschen Fliegenfischer aus ganz Europa und Übersee in die Rhön gelockt. Der berühmteste Besucher, der in Wathose und mit der Fliegenrute in der Hand in der Felda Bachforellen angelte, war Literaturnobelpreisträger Ernest Hemingway.
Die Entscheidung, die Flussseite zu wechseln, erweist sich schon kurz hinter Dorndorf als Fehler. Der Weg wird ermüdend, denn die Werra fließt unmittelbar entlang der kleinen Landstraße nach Kirstingshof und ich habe einige unerfreuliche Kilometer Asphalt unter den Füßen, immer entlang der Leitplanke, bis sich schließlich hinter der kleinen Ansammlung von Häusern das Tal öffnet. Ich krieche unter einem Weidezaun hindurch und lasse die Straße hinter mir. Die Werra windet sich nun durch liebliche Blumenwiesen und kleine Gehölze. Eine Rinderherde grast friedlich am Flussufer. Ein guter Ort für eine Pause. Ich falte mein Sitzkissen auseinander, lasse mich an der Uferkante nieder und schenke mir aus der Thermoskanne Tee ein. Der Fluss rauscht mit einiger Geschwindigkeit durch die Biegung, an der ich mich hingesetzt habe. Die Strömung nagt an dem hohen, ausgehöhlten Ufer, in dem zahlreiche Löcher zu erkennen sind. Ich denke an Uferschwalben, an Eisvögel – kann aber keine entdecken.
Wenn der Fluss nicht durch Steine befestigt und in ein statisches Flussbett gezwungen wird, beginnen seine Ufer zu wandern. Das kurvenäußere Ufer in der Flussbiegung, das durch die Strömung stetig abgetragen wird, heißt Prallhang – das gegenüberliegende Ufer im Strömungsschatten ist der Gleithang. Dort werden Sand und Gesteine, die der Fluss aus den Ufern gebrochen und mitgenommen hat, abgelagert. Bei jedem Hochwasser sortiert der Fluss seine Gepäckstücke neu, schleift sie runder, transportiert sie weiter und schichtet sie schließlich an einer anderen Stelle flussabwärts wieder auf. Bäume stürzen von den abbrechenden Ufern ins Wasser, stauen den Fluss und sein Geschiebe aus Kieselsteinen, kleine Inseln entstehen um das Totholz, und manchmal sucht sich der Fluss einen gänzlich neuen Weg durch das Land. Das ist die Arbeit des Flusses. So hat er über Abertausende Jahre unsere Landschaft geschaffen.

Die Geräusche der Bundesstraße verschwinden beinahe hinter dem steten Schrillen der Heuschrecken und dem silbernen Rauschen der Pappeln im Wind. Hagebuttenrot sind die Zweige der Wildrosen über dem Wasser. Vor wenigen Wochen haben sie noch geblüht – keine Zeit des Jahres vergeht so schnell wie der Sommer.

In der Flussbiegung bildet das Wasser Wirbel, die von kleinen Schaumnestern gekrönt, plötzlich entstehen und sich binnen Sekunden glucksend wieder auflösen. Der Fluss wallt und wirbelt, seine Wasser fließen für Momente flussaufwärts, bis sie wieder vom Strom in die Fließrichtung gedrängt werden. Nur ein nassglänzendes Holzstück verharrt noch, vom Strudel erfasst, auf der Stelle kreisend, bevor es seine Reise flussabwärts fortsetzt.
Ich packe Kissen und Kanne in den Rucksack und wandere dem tänzelnden Holz hinterher. Bald schon habe ich es aus den Augen verloren. Über der hohen Bergkuppe hinter der Bundesstraße fliegen weit oben am Himmel zwei Milane. Milan-Paare sind einander oft über Jahre treu, auch wenn sie den Winter nicht gemeinsam verbringen. Im Herbst ziehen sie – jeder für sich – nach Südwesten, nach Frankreich, Portugal oder Spanien. Im Frühjahr finden sie einander bei der Rückkehr ins Brutgebiet wieder. Dann kann man sie bei ihren spektakulären Balzflügen beobachten: Minutenlang sind beide Vögel am Himmel bei vollkommen gleichsinnigen Synchronflügen zu sehen, bis sie plötzlich gemeinsam zur Erde fallen. Dabei halten sie einander an den Fängen fest und stürzen, in hoher Geschwindigkeit umeinander trudelnd, aus mehreren Hundert Metern Höhe bis fast zum Boden hinunter. Erst im letzten Moment lassen sie sich los und steigen getrennt wieder zum Himmel auf.

Ich will nicht verschweigen, dass der Bestand der eleganten Greifvögel seit Beginn der 1990er Jahre rückläufig ist. Milane gelten inzwischen als potenziell gefährdet. Als Kulturfolger sind sie abhängig von der Art, wie Menschen Landwirtschaft betreiben. Mit der Intensivierung der Landwirtschaft ging abwechslungsreiches Acker- und Grünland in den letzten Jahrzehnten verloren. Monokulturen wie Mais und Raps werden auf großen Flächen zu früh zu dicht und zu hoch – der Milan kann seine Beutetiere nicht länger erreichen, seine Nahrungsgrundlage schwindet und damit auch die Zahl erfolgreich aufgezogener Jungvögel.
Im südlichen Wartburgkreis, in der Rhön, wurde ein länderübergreifendes Rotmilan-Projekt initiiert. So wurden die Agrarbetriebe mit Fördergeldern motiviert, zu einer Zeit Wiesen und Weiden zu mähen, die dem Milan entgegenkommt. Auch waren die Landwirte angehalten, bei der Einsaat kleine Flächen als Fenster frei zu halten. Auch das erleichterte den Vögeln, Beutetiere zu erspähen, selbst wenn die Pflanzen ringsum schon hochgewachsen waren. Zudem wurden Heckensäume und Blühstreifen angelegt. Verzichten sollten die Bauern auch auf den Einsatz chemischer Mittel zur Bekämpfung von Nagetieren. Nach einer Laufzeit von sechs Jahren konnte das Schutzprojekt 2020 positive Bilanz ziehen: Der Rotmilan-Bestand hatte um bis zu fünfzehn Prozent zugenommen. Die wertvollen Projekterfahrungen sollen in der nächsten EU-Förderperiode der Landwirtschaft berücksichtigt werden.

Es gibt also Hoffnung für meinen Heimatvogel Milan und zugleich für eine vielfältige Landschaft mit blühenden Wiesen, dichten Hecken und einer Landwirtschaft, der es möglich gemacht wird, diese Naturräume und die darin lebenden Arten zu schützen.

Von Brücken und Grenzen

Naht·stel·le

/Náhtstelle/

Substantiv, feminin [die]

1. Stelle, an der sich eine beim Nähen oder Schweißen entstandene Naht befindet

2. Stelle, an der zwei verschiedene Dinge, Bereiche oder Territorien aufeinandertreffen

Werrabrücke Vacha

Ehemaliger Grenzturm Vacha

Die Werrabrücke bei Vacha ist ein eindrucksvolles Bauwerk. Sie überspannt seit dem siebzehnten Jahrhundert mit vierzehn steinernen Bögen das ganze Flusstal, durch das die Werra einst mit mehreren Flussarmen strömte. Brücken verbinden nicht nur ein Flussufer mit dem anderen, denke ich, während ich die Wiese hinauf nach Philippsthal gehe. Brücken verbinden vor allem Menschen. Die Brücke zwischen Philippsthal und Vacha ist ein steinernes Symbol von Verbundenheit und Trennung – mehr als jede andere der über einhundertzwanzig größeren und kleineren Brücken, die über die Werra führen. Ohne die Brücke hätte die Geschichte Vachas einen anderen Verlauf genommen. Schon im achten Jahrhundert grenzten an dieser Stelle die Territorien der Klöster Fulda und Hersfeld aneinander. Die Via Regia, die uralte Handelsstraße und einstmals längste Landverbindung zwischen West- und Osteuropa, überquerte seit dem frühen Mittelalter vor Vachas Toren die Werra. Vacha wuchs an dieser Nahtstelle Europas, der Handel blühte, und der Ort erhielt als einer der ersten in Thüringen das Stadtrecht.

Nach der verlorenen Völkerschlacht bei Leipzig zog Napoleon mit seinen Truppen über die Werrabrücke, machte Rast auf dem Vachaer Marktplatz und hinterließ eine Typhus-Epidemie. Die Niederlage des französischen Kaisers hatte auch zur Folge, dass Vacha und Oberzella an Sachsen-Weimar-Eisenach fielen und nicht länger zu Hessen gehörten. Dies machte Vacha anderthalb Jahrhunderte später, mit der Gründung der beiden deutschen Staaten, zu einer Grenzstadt zwischen zwei Weltsystemen.

Begebenheiten, die Hunderte von Jahren zurückliegen, haben Steine ins Rollen gebracht, die das Leben bis heute beeinflussen, sinniere ich, als ich über das Kopfsteinpflaster der Brücke hinüber in Richtung Vacha laufe. Wie der Schmetterling, der in China mit den Flügeln schlägt, unser Wetter zu beeinflussen vermag, haben Sieg oder Niederlage in längst vergangenen Schlachten die Weichen für unser Leben in der Gegenwart gestellt – so wie wir mit unseren Leistungen und Fehlleistungen womöglich das Leben derer bestimmen werden, die nach uns kommen.

Am anderen Ufer, rechts der Brücke, ragt ein ehemaliger Grenzturm aus dem Grün. Die Sonne steht schon tief, und aus dem Fluss steigt Dunst auf. Harmlos, beinahe idyllisch steht der Turm im Abendschein und erinnert daran, dass es über Jahrzehnte alles andere als selbstverständlich war, von Philippsthal mit wenigen Schritten hinüber nach Vacha zu gehen. Ab 1952 war die Brücke für den Durchgangsverkehr gesperrt. Damit war auch die Bundesstraße entlang der alten Via Regia, die historische Verbindung zwischen den Messestädten Frankfurt und Leipzig, unterbrochen. Wenige Jahre später wurde unweit der Brücke die erste Mauer an der innerdeutschen Grenze gebaut. Die Werra verlor zwei Flussarme, der verbliebene Hauptstrom wurde mit einer Flusssperranlage gesichert. Streckmetallzäune, Minen, Beobachtungstürme und Hunde sollten Fluchtwilligen die Überquerung der Grenze zur Bundesrepublik unmöglich machen. Höfe, Häuser und Gärten, die sich zu nah an den Grenzanlagen befanden, wurden beseitigt und ihre Bewohner vertrieben.

Ich versuche mir vorzustellen, wie man über Jahrzehnte an einem Ort mit einer solchen Wunde lebt. Wie Menschen, die einander vertraut waren, beinahe Fremde werden, weil es unmöglich ist, eine Entfernung von einigen Hundert Metern zu überbrücken. Ich versuche mir vorzustellen, wie man in Sichtweite bewaffneter Grenzer mit Schießbefehl lebt. Wie man aufwächst in der unmittelbaren Nähe eines Flusses, der gemieden werden muss, weil er zu einem Ort der Gefahr geworden ist.

Die Werratalbrücke bei Hörschel

Ehemalige Eisenbahnbrücke nahe Barchfeld

Das einstige *Haus auf der Grenze*, am Philippsthaler Ende der Brücke, ist heute ein adrettes Wohnhaus. Nichts erinnert Vorübergehende mehr daran, dass die frühere Druckerei Hoßfeld als trauriges Kuriosum von der Grenzlinie in zwei Hälften geteilt war. Radfahrer und Fußgänger überqueren ganz selbstverständlich die über Jahrzehnte unzugänglich gewesene Brücke. Unbeeindruckt strömt die Werra, nun seit mehr als dreißig Jahren von allen Bollwerken und Sperren befreit, unter ihren steinernen Bögen hindurch.

Wann Menschen die ersten Brücken errichtet haben, weiß heute niemand mehr. Schon in der Steinzeit gab es hölzerne Stege, die über gefährliche Moore führten. In Deutschland wurden Reste von Holzbrücken gefunden, die über dreitausend Jahre alt sind. Brücken zu bauen, sparte Zeit. Statt langer Umwege und gefährlicher Furtdurchquerungen war der Transport von Menschen und Gütern über Brücken schneller, einfacher und sicherer. Eine Brücke über einen breiten Fluss mit starker Strömung zu errichten, war eine technische Herausforderung, deren Bewältigung mitunter Jahre dauern konnte.
Die älteste erhaltene Steinbrücke am Werralauf ist heute – rund fünfzig Kilometer flussaufwärts – in Creuzburg zu finden. Als sie erbaut wurde, lebte Elisabeth von Thüringen auf der gleichnamigen Burg. Bauherr der siebenbogigen Brücke war der Ehemann der späteren Heiligen, Landgraf Ludwig von Thüringen. Seit achthundert Jahren schon trotzt die Brücke den Wassern der Werra. Händler, Reisende und Kriegsscharen zogen über ihre hohen Rundbögen, brachten Wohlstand ebenso wie Verheerung über Creuzburg. Die Brücke überdauerte die Jahrhunderte bis zum Ostersonntag des Jahres 1945, als die deutsche Wehrmacht zwei Brückenbögen vor den Augen der bereits angerückten amerikanischen Truppen sprengte, obwohl der Krieg verloren und die Schlacht längst entschieden war. Kriegsgeschichte könnte auch als eine Geschichte gesprengter oder bombardierter Brücken erzählt werden. Ihre Einnahme oder spätere Befreiung war immer entscheidend für das Kriegsglück der Kontrahenten. In der alten Linienführung wurde die Creuzburger Brücke nach Kriegsende wiederhergestellt. Und noch immer stand sie unter himmlischem Schutz – die spätmittelalterliche Liboriuskapelle am Eingang der Brücke hatte die Sprengung überdauert. Sie ist ein Ort von seltener Schönheit und andächtiger Stille. Fast fugenlos gesetzt ist das Mauerwerk aus gelbem Sandstein, die Wände des hoch aufragenden spätgotischen Saalbaus sind geschmückt mit hohen Spitzbogenfenstern und kostbaren Wandmalereien aus der Erbauungszeit. Einmal überraschte mich ein älteres Ehepaar, als ich Fotoaufnahmen in der frisch renovierten Kapelle machte. Sie fragten, ob es mich stören würde, wenn sie ein Lied sängen und stimmten eine kirchliche Weise an. Ich weiß nicht mehr, welches Lied sie gesungen haben, doch ihr Gesang hat mich tief berührt. Ein unwiederholbarer, kostbarer Moment war es, als sich ihre vereinten Stimmen in das hohe Gewölbe aufschwangen, während die Abendsonne ihre letzten Strahlen durch das offene Bogenportal ins Kircheninnere goss. Brücken verbinden Menschen, Zeitalter und Orte. Über Bäche gefallene Äste und Bäume gaben einst Anstoß, über die Wasser hinüberzugreifen und die Ufer miteinander zu verknüpfen. Brücken stehen für das Verbundene und ebenso für das Getrennte. Der Brückenschlag zwischen den zwei Ufern kann jederzeit durch Hochwasser, Krieg oder eine andere Einwirkung von Gewalt enden. Brücken sind als Gleichnis für menschliches Denken und Handeln allgegenwärtig im Sprachgebrauch.

Neue Erkenntnisse der Statik, der Materialentwicklung und der Bauverfahren machten Ende des zwanzigsten und Anfang des einundzwanzigsten Jahrhunderts ungeahnte Spannweiten, Längen und Höhen im Brückenbau möglich. Die gewaltigste Brücke am Werralauf wirft ihre Schatten über dem Dorf Hörschel hinunter auf den Fluss. Das propagandistisch als „größte Brücke Europas" angekündigte Bauwerk hatte das Hitlerregime schon in den 1930er Jahren geplant. Die Reichsautobahn sollte das Werratal an dieser Stelle auf fast neunzig Meter hohen Pfeilern und gut einem Kilometer Länge überqueren. Alle Vorarbeiten waren vorangegangen, das Betonwerk war schon in Betrieb, die Unterkünfte für die Arbeiter standen – da wurde der Bau gestoppt, weil man sich nicht einigen konnte, ob das Bauwerk als Stein- oder Stahlbetonbrücke ausgeführt werden sollte. Dann endeten die Herrschaft Hitlers und mit ihr auch all seine vom Größenwahn geprägten Pläne. Erst vierzig Jahre später kam es zu einer Vereinbarung zwischen den dann existierenden beiden deutschen Staaten, dass die Talbrücke zur Verbesserung des Transitverkehrs gebaut werden sollte. Die Bundesrepublik Deutschland finanzierte das Projekt mit nahezu zweihundert Millionen D-Mark, die DDR verschwieg den Bau fast vollständig in ihren Zeitungen. Wie müssen sich die Menschen in Hörschel die Augen gerieben haben, als sie plötzlich von achtzig Meter hohen Stahlbetonpfeilern überrascht wurden, die sich über dem Dorf in schwindelerregender Höhe erhoben und nun eine Brücke in den unerreichbaren Westen tragen sollten.

Ich lehne in der Mitte der Vachaer Werrabrücke am eisernen Geländer und schaue hinunter auf das braune Flusswasser, dass sich wirbelnd und rauschend an den mächtigen Brückenpfeilern reibt. Hinter mir klappert ein Fahrrad über das Kopfsteinpflaster. Kinderstimmen sind am hessischen Ufer zu hören, am thüringischen Ufer rollt der unablässige Verkehr nun wieder von Ost nach West über die Bundesstraße nach Bad Hersfeld.

Die Geschichte der Werra ist eine Geschichte von Trennung und Verbindung, von Grenzen und Brücken. Dabei kennen Flüsse keine Grenzen. Ihre Natur ist ebenso verbindend wie trennend. Fahre ich mit dem Boot auf dem Wasser, laufen die Ufer der Werra vor meinem Blick am Horizont zu einem Punkt zusammen. Schneller als meine Füße mich je tragen könnten, bringt mich der Fluss dorthin und über den Horizont hinaus. Finde ich hingegen am Ufer des Flusses gehend keine Brücke, wird der Fluss zum unüberwindbaren Hindernis. Flüsse waren lange, bevor Menschen an ihnen siedelten, schon da. Und so steht auch die Werra, die an vielen Stellen ihres Laufs die Grenze zwischen Herrschaftsgebieten und Territorien markiert hat, über der menschlichen Geschichte. Es waren immer Menschen, die Flüsse zu natürlichen Grenzen erklärt haben. Dabei widerspricht der unberechenbare Charakter ihres Fließens und Veränderns vollkommen dem starren Gedanken festgelegter Territorialgrenzen. Flüsse wie die Werra waren immer übergeordnete Gestalter, die sich nicht um Grenzen scheren, die Menschen erdacht haben.

Vom Kalirevier

Macht

/Mácht/

Substantiv, feminin [die]
1. Fähigkeit, auf andere Einfluss ausüben zu können, auch gegen deren Willen
2. etwas, das eine besondere, geheimnisvolle Kraft darstellt oder besitzt

Sommerlicher Morgennebel über dem Fluss

Flusskraftwerk Philippsthal

Nahe der Werrabrücke führt von Vacha ein breiter Wiesenweg auf der ehemaligen Grenze entlang des Flusses zum Ortskern von Philippsthal. Neben einem schmalen Schutzbunker, der auf Brusthöhe aus der Wiese ragt, steht ein kleiner, mit Früchten überladener Apfelbaum. Die süße Säure bitzelt auf der Zunge, die Schale ist noch ein wenig fest, aber ich genieße trotzdem jeden Bissen meines ersten gepflückten Apfels in diesem Jahr. Sonnengelb leuchten am Wegrand die Rispen der Goldrute, die Weißdornhecken haben sich mit feuerroten Beeren geschmückt. Entlang des Weges wuchern Brombeersträucher, die voll süßer, dunkel glänzender Früchte hängen.
Der Sommer ist vorüber, doch noch hat der Herbst nicht begonnen. Die Natur hält für einige Tage zwischen den Jahreszeiten den Atem an. Es ist sommerwarm, die Schwalben zwitschern, der Milan kreist über dem Flusstal – und doch hat sich alles verändert. Das Sonnenlicht hat einen schwarzgoldenen Ton angenommen, der alles zum Leuchten bringt. Es ist nicht das Strahlen frostklarer Herbsttage, sondern ein milderer weicher Farbton, der den Nebel, der am Morgen über die Wiesen geht, in ein Märchen verwandelt, das in Feld und Flur und Flussaue aufgeführt wird. Spinnfäden fliegen in der Luft, bleiben an meinen nackten Armen und meinem Gesicht hängen. In das üppige Grün des Waldsaums am Ufer haben sich die ersten goldenen Blätter gemischt.

Der breite Wiesenweg mündet in einen kurzen Waldpfad und endet jäh an der Bundesstraße. Die Werra ist durch den dichten Gehölzsaum der Straße nicht länger auszumachen. Lastwagen donnern an mir vorbei und unzählige Autos. Zum Glück ist es nicht mehr weit bis zum Ortseingang von Philippsthal und damit zur nächsten Möglichkeit, zum Fluss zurückzukehren. Vor einer Brücke führt ein Weg rechts zum Werraufer hinunter, und weil ich auf der Karte gesehen habe, dass der Fluss unweit dieser Stelle eine Insel umfließt, beschließe ich, zunächst wieder ein Stück flussaufwärts zu gehen und mich umzuschauen. Die längliche Insel ist keine natürliche, stelle ich einige Minuten später fest, sondern Standort eines jener sieben Flusskraftwerke, die von der Kaliindustrie zu Beginn des 20. Jahrhunderts zwischen Tiefenort und Berka/Werra errichtet wurden. Auf dem hübschen weißen Gebäude mit roter Backsteinverzierung ist die Jahreszahl „1908“ eingemeißelt. Darunter sind Schlägel und Eisen zu sehen – das seit Jahrhunderten gebräuchliche Symbol für den Bergbau.
Zum Ende des neunzehnten Jahrhunderts war die Region an der Werra eine der ärmsten im Land. Der Boden war karg, das Mittelgebirgsklima rau und die Erträge auf den kleinteiligen Flächen reichten den Familien kaum zum Überleben. Mit der ehemals weit verbreiteten Heimarbeit konnten sie ihre Einkommen nicht länger aufbessern – die industrielle Fertigung war den Heimwerkern inzwischen konkurrenzlos überlegen. Viele wanderten auf der Suche nach Arbeit in die großen Industriezentren ab, und nicht wenige Familien versuchten ihr Glück in Amerika.
Mit dem Fund der ergiebigen Salzlagerstätten änderte sich das Leben an der Werra vollständig. In wenigen Jahren wurden zahlreiche Gruben in Betrieb genommen. Bis zu den Kalifunden waren fließendes Wasser und Elektrizität in der Gegend noch weitgehend unbekannt gewesen, nun mussten schnellstmöglich neue Infrastrukturen entstehen. Die Industrialisierung des Landstrichs brachte Arbeit und Einkommen, Bahnlinien wurden gebaut und Flusskraftwerke. Letztere versorgten nicht

Das Kaliwerk Hattorf

Am Radweg von Philippsthal nach Heimboldshausen

nur die Kalibetriebe mit Strom, sondern auch die umliegenden Dörfer, in denen die Glühlampen früher als andernorts brannten.

Das Flusskraftwerk auf der Werrainsel ist noch immer in Betrieb. Die Förderschnecke dreht sich, das Wasser rauscht, und der Ort strahlt eine große Ruhe aus. Hier stand schon im dreizehnten Jahrhundert eine Mühle, lese ich auf einer halb verwitterten und überwucherten Infotafel, die ich im Dickicht unweit des Wehres entdecke. Dort steht auch, dass die Insel nebst Wehr und Mühlgraben wahrscheinlich schon zu dieser Zeit angelegt wurde. Ich kehre zur Brücke zurück, überquere den Fluss und folge einem Radweg flussabwärts. Kurz hinter den letzten Häusern beginnt ein heller Wald. Die Werra blitzt durch Buchen, Eichen und Eschen immer wieder neben mir auf. Sie fließt unmittelbar entlang des Waldrandes, am Fuß eines zunehmend steil abfallenden Berghangs. Zwei Teenager sitzen händchenhaltend auf einer Bank am Weg und grüßen mich freundlich. Auch ein junges Mädchen, das wenig später vorbeiradelt, ruft mir ein „Hallo" zu. Es ist schön hier, denke ich, und das Septemberlicht macht die Szenerie noch schöner. Da lichtet sich der Wald und gibt den Blick auf das gegenüberliegende Ufer frei. Eine riesige weißgraue Abraumhalde verdeckt den Horizont, direkt am Werraufer steht im Gegenlicht das Kaliwerk Hattorf. Ein beständiges, metallisches Schrillen und Brausen liegt über dem Flusstal. Die Seilscheiben des Förderturms drehen sich unaufhörlich, Tag und Nacht. Ein Güterzug rumpelt vorbei. Dann verschluckt der Wald den Anblick, das Brausen aber bleibt mein Wegbegleiter. Kurze Zeit später ist der Blick auf die Werrawiesen wieder frei. Eine Schutzhütte mit Sitzgelegenheit lädt ein, am Waldrand Platz zu nehmen und den Ausblick zu genießen. Die Szenerie mutet seltsam fantastisch an: Die Auenwiese leuchtet in einem hellen Ockergrün, am Ufer haben Schlingpflanzen einige Bäume überwuchert, die nun wie Monumente vorzeitlicher Wächter die Werra zu beschützen scheinen. Am gegenüberliegenden Flussufer bilden die rauchenden Schlote des Werrawerkes, der Förderturm und die Abraumhalde den Hintergrund des surrealen Bildes.

Die Menschen in den Bergbauorten an der Werra leben seit über einhundert Jahren in enger Symbiose mit der Kaliförderung. Der Bergbau ist der Lebensnerv ihrer Region und zugleich deren stärkste Beeinträchtigung. Wird Kali gefördert, gibt es Arbeit in der Heimat und Einkommen, daran hat sich seit dem Beginn des neunzehnten Jahrhunderts nichts geändert. In manchen Familien ist mittlerweile die vierte und die fünfte Generation – vom Urgroßvater bis zum Enkel – im Kaliwerk beschäftigt. Alle leben vom Bergbau und mit dem Bergbau, der das Antlitz ihrer Heimatlandschaft geprägt und verändert hat. Das Werk Werra, zu welchem die Betriebe Hattorf, Unterbreizbach und Wintershall zusammengeschlossen sind, ist im Augenblick das größte Kalibergwerk der Welt. Über viertausend Menschen stehen dort in Lohn und Brot. Tatsächlich aber sind es mehr als fünfzehntausend in der Region – seien es Zulieferbetriebe oder Familienangehörige der Bergleute – die auf die Kaliindustrie direkt oder indirekt angewiesen sind. Das Verhältnis zum Arbeitgeber ist bei vielen Beschäftigten zwiespältig. Da ist die Abhängigkeit vom Konzern auf der einen, aber auch der Stolz auf die lange Tradition des Bergbaus und der Glaube an die Sinnhaftigkeit der Kaligewinnung auf der anderen Seite.

Bahnhof und Halde Heimboldshausen

Abendleuchten über dem Fluss

Das Wort „Kali“ geht auf das arabische Wort „al-kali“ zurück, was so viel bedeutet wie „Asche“. Im Englischen heißt Kali „potash“, im Deutschen auch „Pottasche“. Pottasche ist ein altes Düngemittel. Früher wurden mineralische Kalisalze gewonnen, in dem man die Asche von Pflanzen mit Wasser auswusch und anschließend in Pötten eindampfte – ein mühsames Verfahren. Mit der Entdeckung der Salzlager in den Tiefen der Erde entwickelte sich eine schnellwachsende Industrie, die Rohsalze zu effektiven Düngemitteln verarbeitete. Die kamen zu Beginn des zwanzigsten Jahrhunderts gerade zur rechten Zeit: Mit der herkömmlichen Landwirtschaft war die schnell wachsende Bevölkerung nicht länger zu ernähren. Das Zaubermittel hieß Kalidünger. Zusammen mit Phosphat und Stickstoff steigerte Kalium die Ernteerträge erheblich. Die Mineraldüngung revolutionierte die Landwirtschaft und beendete den Hunger, der fortan in Friedenszeiten in Europa nicht mehr als Massenphänomen auftrat. Kali wird in vielen Lebensbereichen gebraucht: Es steckt nicht nur in Mineraldüngern, sondern auch in Infusionen, Medikamenten, Farben, Kunststoffen, Flüssigseifen, Waschmitteln und vielen anderen Produkten.
Eine Fahrspur lockt mich fort vom Radweg hinunter zum Flussufer. Hier lässt es sich gut laufen, die Wiese ist gerade erst gemäht worden. Nach einigen Metern fällt mir am gegenüberliegenden Ufer ein großes Rohr ins Auge, aus dem Flüssigkeit in einem breiten, stetigen Strahl in die Werra rauscht. Liter um Liter strömt die Salzbrühe in den Fluss. Zu wissen, dass dies stattfindet, ist eine Sache. Es zu sehen, dennoch ein bestürzender Moment. Der Kalibergbau, der Heilsbringer dieser einst armen Region, hat Schattenseiten. Um eine Tonne Kalisalz zu gewinnen, braucht es mehr als fünf Tonnen Rohsalz und fast vier Tonnen Wasser. Übrig bleiben Steinsalzrückstände, die auf der Halde landen, und rund dreieinhalb Tonnen Salzlauge, die unterirdisch versenkt oder in die Werra geleitet werden. „Kaliwetter“ nennen die Bergleute regenreiche Zeiten, in denen die Pegelstände der Werra hoch sind und viel Salzabwasser im Fluss entsorgt werden darf. Die Einleitung war seit Beginn der Kaliförderung reguliert. In der DDR jedoch wurde das Versenken salzhaltiger Abwässer unter Tage eingestellt, und die gesamte Lauge mit fast neun Millionen Tonnen Salz landete jährlich in der Werra. Die starke Versalzung zerstörte das Süßwasserökosystem nahezu vollständig. Bei niedrigem Wasserstand waren die Ufer weiß überkrustet, und der Fluss trug schmutzige Schaumkronen auf den Wellen. Auf vielen Flusskilometern hatte die Werra über Jahre einen Salzgehalt wie die Nordsee. Mit der Schließung vieler Kaligruben nach dem politischen Ende der DDR und strengeren Regelungen hat sich die Werra unterdessen etwas erholt – dennoch ist sie bis heute der salzigste Fluss Europas. Die Menschen im Werratal diskutieren sich seit Jahrzehnten die Köpfe heiß. Dem Wunsch nach einem sauberen Fluss und sicherem Trinkwasser steht der Abbau von Arbeitsplätzen gegenüber. Politiker haben endlos debattiert, Klägergemeinschaften sind gegen das Kaliunternehmen vor Gericht gezogen, Bürgerinitiativen wurden gegründet, Familien haben sich verstritten – und noch immer ist keine Lösung in Sicht. Im Moment sind es rund anderthalb Millionen Kubikmeter Salzlauge im Jahr, die das Bergbauunternehmen in den Fluss bringen darf. Der Kalikonzern nimmt für sich in Anspruch, viel dafür getan zu haben, dass es dem Fluss heute deutlich besser geht. Es wurde beispielsweise ein großes Forschungs- und Entwicklungszentrum errichtet, das unter anderem auf der Suche nach Lösungen für das massive Entsorgungsproblem des Unternehmens ist. Darüber hinaus steht die Zusage, ab 2028 keine Produktionswässer mehr in die Werra zu leiten.

Himalaya-Springkraut, auch Drüsiges Springkraut genannt

Am Fluss in Heringen

Eine halbe Stunde später endet in Heimboldshausen die erste Etappe meiner Wanderung durch das Kalirevier an der Werra. Um kurz nach halb acht bringt mich ein Bus zurück nach Vacha. Der freundliche Fahrer lässt mich an der Werrabrücke aussteigen, obwohl dort gar keine Haltestelle ist. Ich habe ihm erzählt, dass ich am Fluss entlangwandere und mir unterdessen die Füße schmerzen vom vielen Laufen. Dankbar für Bus und Busfahrer trete ich den Heimweg an.

Kaum eine Woche später bin ich wieder zurück und wandere weiter. Mein nächstes Ziel heißt Lengers. Dies ist die hessische Schleife der Werra, eine Gegend, die ich bislang kaum kenne. Umso neugieriger kundschafte ich gangbare Wege aus, die mich möglichst nah am Fluss entlangführen. Nach einem Fehlversuch, der in einer Sackgasse an der Kläranlage endet, finde ich am Friedhof einen Weg, der in die richtige Richtung weist. Er führt an der kürzlich wieder in Betrieb genommenen Bahnstrecke zwischen Gerstungen und Unterbreizbach entlang, überquert diese und verschwindet nach einigen Kilometern schließlich in einer Wiese mit hohem Gras. Hier entlässt die Kaliindustrie die Werra für eine Weile aus ihren Fängen. In sanften Kurven fließt der Fluss entlang der Bergflanke eines Ausläufers des Seulingswaldes nach Lengers.

Über der Wiese liegt ein sonderbarer Geruch. Blumig, süß und mit einer ungewohnt chemischen Note. Ich verdächtige das blühende Himalaya-Springkraut, das Hunderte von Bienen, Hummeln und andere Insekten anzieht. Die hohen Stauden säumen zu Tausenden das Werraufer, blühen mit hell- und dunkelrosafarbenen Blüten. Als ich im Juli in den Urlaub reisen wollte, hatte ich Sorge gehabt, es könnte verblüht sein, bevor ich Fotos von den üppig violetten Flussufern gemacht hätte. So fuhr ich an meinem letzten Arbeitstag, morgens kurz nach Sonnenaufgang, spontan ans Werraufer und stellte alsbald fest, dass ich ausnahmsweise keine flachen Schuhe im Auto hatte. Mit den schwarzen Pumps über die nasse Wiese zu gehen, wäre einem Todesurteil für die Schuhe gleichgekommen. Ich zog sie also aus, raffte den Rock und ging barfuß hinüber zum Fluss. Schon nach wenigen Schritten waren meine Füße nass und kalt vom Tau. Vorsichtig machte ich einen Bogen um Disteln und Brennnesseln. Ich fühlte mich verrückt, verwegen und unendlich lebendig in diesem Augenblick, als ich mit bloßen Füßen und im feinen Rock wegen eines Fotos vom Springkraut durch die nassen Wiesen ging.

Meine Sorge war unbegründet: Mitte September blüht das zugereiste Springkraut noch immer. Ursprünglich wurde es als Zierpflanze aus dem Himalaya nach Europa gebracht. Es benötigt viel Wasser und wächst daher bevorzugt an Flüssen und Bächen. In kürzester Zeit wird es an die zwei Meter hoch. Das Springkraut aus Indien stellt etwa vierzigmal so viel Nektar her wie eine vergleichbare heimische Pflanze. Noch entscheidender ist, dass es auch einen sehr hochwertigen, zuckerhaltigen Pollen anbietet. Mit dieser Ausstattung und seinem intensiven Duft ist das exotische Springkraut am Flussufer ziemlich konkurrenzlos. Durch einen Schleudermechanismus, den schon ein Regentropfen auslösen kann, katapultieren die Früchte ihre Samen bis zu sieben Meter weit. Eine Pflanze produziert unter Umständen über viertausend Samen, deren Keimfähigkeit mehrere Jahre erhalten bleibt.

Die Werramühle von Heringen

Im Naturschutzgebiet „Rohrlache"

Die Samen wandern mit dem Wasser, auch Pflanzenteile, die beispielsweise bei einem Hochwasser abgerissen werden, können wieder wurzeln. All das erklärt, warum das Himalaya-Springkraut, auch das Drüsige Springkraut genannt, heimischen Arten gegenüber stark im Vorteil ist und diese verdrängt. Weil es aber insektenfreundlich ist, wird diese invasive Art an der Werra, anders als beispielsweise der giftige Riesenbärenklau, nicht bekämpft.

Der Fluss macht einen Bogen und trifft wieder auf die Bahnlinie, auf der unterdessen der dritte lange Güterzug mit vielen Waggons, beschriftet mit dem Logo des Kalikonzerns, vorbeifährt. Ich finde einen halb zugewachsenen Landwirtschaftsweg, der unter den Bäumen hindurchtaucht. Als das Dickicht sich lichtet, führt der Weg unmittelbar am Prallhang der Werra entlang. Das Ufer ist mit großen Felsbrocken befestigt. Ich setze mich einen Augenblick auf einen der sonnenwarmen Steine und beobachte die Insekten, die im Licht der Sonne die Blütenstände des Springkrauts umschwirren. Als ich weiterlaufe, raschelt das erste welke Laub unter meinen Füßen. Es ist nicht mehr weit bis nach Lengers.

Auch dort hat der Bergbaubetrieb am Beginn des zwanzigsten Jahrhunderts ein Flusskraftwerk errichtet. Die weiße Jugendstilfassade mit dem geschweiften Giebel ist mit Ornamenten verziert, die mich staunen lassen, mit welchem Aufwand und welcher Liebe zum Detail in dieser Zeit selbst Industriebauten errichtet wurden. Flussabwärts beherrscht der mächtige Kaliberg von Heringen – auch genannt „Monte Kali" – den Horizont. Da läuten die Kirchenglocken von Lengers. Weniger später hallt die Antwort der Glocken aus Heringen über das Wasser herüber. Es ist um sechs und Zeit, den Rückweg anzutreten. Die Abende sind merklich kürzer geworden, und die Sonne steht schon nah über dem Horizont.

Kurz vor Heimboldshausen wacht am Flussufer ein mächtiger alter Ahorn. An einem der starken Äste hängt, an langen stählernen Seilen, eine Schaukel. Weit entfernt von allen Häusern und Höfen, hat hier ein Unbekannter einen besonderen Ort geschaffen. Für einen Moment werde ich zum Kind, als ich mit den Beinen Schwung hole. Höher und höher trägt sie mich hinauf. Der Wind saust in meinen Ohren, unter mir strömt die Werra, und ich schaukle, wie ich als Kind geschaukelt habe – in jenem beglückenden Zustand zwischen Schwerelosigkeit und Erdanziehung.

Weil das schöne Wetter noch ein wenig anhält, bin ich schon zwei Tage später wieder zurück am Fluss und laufe – immer auf den „Monte Kali" zu – weiter nach Widdershausen. Kurz vor der Brücke in Heringen passiere ich das Gelände der Werramühle. Wassermühlen werden seit Urzeiten genutzt, um die Kraft des Flusses in Energie zu verwandeln. Unzählige säumten einst die Ufer der Werra und ihrer Zuflüsse. Die Mühle in Heringen hat länger als die meisten anderen Korn gemahlen. Sie stand schon im zwölften Jahrhundert an dieser Stelle und gelangte zu Beginn des zwanzigsten Jahrhunderts in den Besitz einer Müllersfamilie, die nicht gewillt war, sie aufzugeben und an den Kalikonzern zu verkaufen. Mitten im großen Mühlensterben entschieden sich die Müller für einen Neubau und errichteten das damals hochmoderne vierstöckige Gebäude. Zwei Wasserturbinen erzeugten den

Der „Monte Kali“ spiegelt sich in der Werra

Auf dem „Monte Kali“

nötigen Strom und steigerten die Mahlleistung auf das über Zwanzigfache. Bis 1991 drehten sich die Mahlwerke und verarbeiteten Korn zu Mehl, dann erst – als eine der letzten Mühlen der Region – wurde der Betrieb eingestellt. Das Mühlengebäude blieb erhalten, das Wasserkraftwerk arbeitet noch immer und erzeugt Strom.

Von der Brücke in Heringen werfe ich einen Blick zurück in die Vergangenheit und einen in die Gegenwart: Auf der einen Seite des Brückengeländers das jahrhundertealte Areal der Mühle, das sich im beinahe unbewegten Fluss spiegelt, auf der anderen Seite das Kaliwerk Wintershall, das die Farben der alten Mühle aufzugreifen scheint und sich seinerseits im Spiegel des Wassers doppelt.
Der schmale Weg am Flussufer verläuft parallel zum Werksgelände. Es rattert, klirrt, schleift, braust und tutet unablässig. Ein Geräusch klingt, als würden die Wägelchen einer Achterbahn hinaufgezogen werden, um eine fröhliche Schussfahrt mit Loopings anzutreten. Weißer Rauch steigt aus den Schornsteinen auf, ein Geruch weht über den Fluss, der mich an den Chemieraum meiner Schulzeit erinnert. Ich lausche und starre mit einer merkwürdigen Faszination hinüber zum Werk, kann aber weder den Ursprung der Geräusche noch den der Gerüche ausmachen. Keine zweihundert Schritte weiter – das Brausen des Werks ist noch zu hören – beginnt das Naturschutzgebiet „Rohrlache". Auf einem Holzbohlenweg überquere ich die Salzwiesen von Heringen. Diese entstanden überwiegend durch den Kalibergbau. Die salzhaltigen Abwässer, die bei der Kaliproduktion anfallen, werden nicht nur in die Werra geleitet, sondern auch in den Plattendolomit des Zechsteins verpresst. Der Plattendolomit ist eine ausgedehnte und zerklüftete geologische Schicht in rund fünfhundert Metern Tiefe, die nach oben und unten mit wasserundurchlässigem Ton versiegelt ist. In diesem natürlichen Hohlraum, dachte man, seien die Laugen dauerhaft und sicher entsorgt. Doch wie sich zeigte, ist der Plattendolomit nicht uneingeschränkt aufnahmefähig. Störzonen in der Tonschicht lassen das Salzwasser in die darüberliegenden Schichten aufsteigen. So landet die Kalilauge unterdessen in den Wiesen und im Trinkwasser. Die Einleitung der Salzlauge in den Plattendolomit ist daher als Entsorgungsweg für das Unternehmen nur noch eingeschränkt nutzbar. Und weil auch das Einspeisen in die Werra streng begrenzt ist und sich weiter verringern soll, entwickelten die Wissenschaftler ein elektrostatisches Trennverfahren, das die kostbaren Kalium- und Magnesiumverbindungen vom Steinsalz trennt. Dazu wird das Salz fein gemahlen, lädt sich im freien Fall auf und trennt sich in die begehrten Anteile einerseits und Kochsalz-Rückstände andererseits. Das spart salzhaltige Abwässer, die durch das Waschverfahren entstehen. Doch auch die trockenen Salzrückstände müssen irgendwo hin.

Unmittelbar hinter der Biegung des Flusses erhebt sich der größte Salzberg an der Werra, der „Monte Kali". Über rutschige Steine klettere ich ein Stück in den Fluss hinein, um einen besseren Blick zu haben. Der Berg spiegelt sich im Wasser. Sonne und Wolken werfen bewegte Schatten auf die grauweiße Salzfläche wie auf eine Kinoleinwand. Ein Milan nutzt die Aufwinde an den steil abfallenden Hängen. Ich hocke auf den glitschigen, von Algen überzogenen Steinen und beobachte das wechselnde Licht auf den gefurchten Flanken des Salzbergs.

Der „Monte Kali“ übt eine eigenartige Faszination auf mich aus. All seiner Monstrosität zum Trotz besitzt er eine seltsame Schönheit, die vielleicht von seiner schieren Größe und Künstlichkeit herrührt. Wie Menschen doch in der Lage sind, die Erde umzugestalten, denke ich: An einer Stelle verschwinden ganze Berge, deren Steine als Baumaterialien abgebrochen werden, an anderen Orten werden gigantische neue Formationen aus Abraum aufgetürmt. Das ruft in mir ein Schaudern hervor. Fünfhundertdreißig Meter über Normalnull ist der Kaliberg im Moment hoch, über zweihundert Millionen Tonnen Salz liegen hier aufgetürmt. Wenn dieses Buch erscheint, werden diese Zahlen längst nicht mehr gelten. Eintausendzweihundert Tonnen Salz werden – Tag und Nacht in jeder Stunde – auf den Berg befördert und lassen die Halde unaufhörlich wachsen. Rund um die Abraumhalde ist ein Ringgraben gezogen, dort wird das Salzwasser aufgefangen, das der Regen von den Hängen Salzberges wäscht, damit es nicht ringsum die Landschaft versalzt. Auch diese Lauge landet schließlich in der Werra.
Der Versuch, mir vorzustellen, dass alles, was da zu Tage gebracht wurde, nun ein gigantischer Hohlraum in der Tiefe ist, sprengt mein Vorstellungsvermögen. Tatsächlich ist die Fläche, die in den letzten einhundert Jahren unter meinen Füßen bearbeitet und ausgehöhlt wurde, größer als das Stadtgebiet von München.

Als ich in Widdershausen ankomme, ist es Herbst geworden. Die Schwalben haben ihren Zug in den Süden angetreten, und die ersten Ahornbäume stehen mit blutroten Kronen wie lodernde Feuer in der Landschaft, deren Antlitz vom weißen Berg dominiert wird. Der Salzberg ist schön, denke ich für einen Moment. Schön und schrecklich zugleich. Wie auch das Kaliwerk selbst auf eine machtvolle Weise schön ist, mit seinen überdachten grünen Förderbändern, den unzähligen Rohren und Gleisen, den rauchenden Schloten, dem Brausen und Fiepen und den quietschenden Güterzügen, die dort stetig ein- und ausfahren.

Von den Kieselsteinen

De·mut

/Démut/

Substantiv, feminin [die]
1. vor allem religiös geprägte Geisteshaltung, bei der sich der Mensch in Erkenntnis der eigenen Unvollkommenheit dem göttlichen Willen unterwirft
2. das Zurückzunehmen der eigenen Interessen gegenüber einer höheren Macht oder gegenüber einer Gemeinschaft

Am Flussufer von Widdershausen

Im Naturschutzgebiet zwischen Dippach und Dankmarshausen

Während ringsum die Landschaft im Sonnenschein aufleuchtet, versinkt Widdershausen am späten Nachmittag schon im gewaltigen Schatten des „Monte Kali". Weit und gänzlich flach ist die Ebene, die sich zu Füßen des Kalibergs entlang des Flusses ausbreitet. Auf einer Stromleitung, die über den Weg am Flussufer hinweg führt, hocken zwitschernd Dutzende Stare. Ein Elektromobil überholt mich langsam. „Schau", sagt der Großvater zu seinem Enkelsohn, „da sammeln sich die Vögel. Sie ziehen jetzt bald in den Süden. Ich hoffe, sie fliegen nicht alle auf, wenn wir hier weiterfahren." Seine Sorge ist unbegründet, die Stare bleiben unbeeindruckt sitzen, als die beiden rechterhand in einen Feldweg einbiegen. Ich gehe geradeaus am Ufer weiter und stehe alsbald vor einer Schranke. Der Weg, den ich auf der Karte ausfindig gemacht hatte, ist die Fahrstraße durch das Betriebsgelände eines Kieswerks. Vorbei an wartenden Baggern und Haufen buntgemischter Kieselsteine führt die schlammige Straße in das Naturschutzgebiet zwischen Dippach und Dankmarshausen. Ein schmaler Pfad windet sich nun nahe der Werra durch ein liebliches Refugium mit kleinen Wiesen, Hecken und Wäldchen, Röhrichtfeldern und Seen. Nach gut einem Kilometer Idylle erreiche ich die Werrabrücke von Dankmarshausen. Dort führt der Weg in eine weite grüne Flussaue, in deren Mitte sich an einem See eine Halde aus Sand und Kies erhebt. Das Kieswerk, das die kostbaren Baustoffe aus den Schotterbänken des Flusstals birgt, hat schon Feierabend. Das große Schaufelrad und die Förderbänder stehen still, keine Bewegung ist auf dem Gelände zu sehen.

Alles, was hier zutagegeschaufelt wird, verdankt sich der Arbeit des Flusses. Jeder Stein, jeder Kiesel und jedes Körnchen Sand hat eine weite Reise hinter sich und war einst Teil eines Gebirges. Durch Verwitterung, durch Regen, Sonne und Frost lösten sich Gesteine aus den Felswänden, rollten die Abhänge hinunter, zerbrachen dabei in kleinere Steine und wurden von den Gletschern der Eiszeit und den Gebirgsflüssen fortgetragen. Der Hobel des Eises und die wechselseitige Reibung im Wasser des Flusses schliffen die Steine, sodass sie immer kleiner, immer glatter und runder wurden. Je breiter und langsamer der Fluss in seinem Verlauf wird, desto kleiner werden auch die Steine im Flussbett: Es bleiben immer jene liegen, die gerade zu schwer sind, als dass der Fluss die Kraft und die Strömung hätte, sie weitertransportieren zu können. Und weil sich der Fluss im Verlauf der Jahrtausende immer wieder neue Wege suchte, entstanden entlang der heutigen Ufer Terrassen aus Kies. Vor allem in breiten und flachen Tälern, wie dem im Schatten des Abraumberges, haben sich ausgedehnte Kiesbänke abgelagert. Kies ist ein kostbarer Rohstoff. Ohne Kies kein Beton, ohne Beton keine Bautätigkeit.
Über Jahrtausende hin hat der Fluss seine Arbeit getan und Fels zu Kies geformt, Abermillionen der wertvollen Steinchen an seinen Ufern aufgehäuft. Der Rohstoff ist dennoch endlich. So schnell, wie menschliche Bautätigkeit ungezählte Tonnen von Kies und Sand benötigt, kann der Fluss nicht arbeiten. Was in Jahrtausende währender Arbeit geformt und durch das Land getragen wurde, wird nun in wenigen Jahrzehnten geschürft und an das Tageslicht gehoben.

Ein letzter Sonnenstrahl lässt den Kirchturm von Dankmarshausen gleißend aufleuchten, bevor die Sonne hinter dem Horizont versinkt. Die Tage sind merklich kürzer geworden, und früh fällt nun wieder der Abend ein. Wenn ich nicht im Dunkeln wandern möchte, muss ich schon den Rückweg antreten.

Im Naturschutzgebiet versuche ich, etwas mehr als einen flüchtigen Blick aus der Ferne auf den Fluss zu erhaschen, verlasse den Pfad und suche mir einen Weg durch das Dickicht zur Werra. Das Ufer ist hoch und steil abfallend. Kein Weg führt ans Wasser, und so klettere ich in einem Anfall von Übermut in eine alte Bruchweide hinein und lehne mich an einen der dick bemoosten Äste, die über das Wasser ragen. Für einen Augenblick schließe ich die Augen, fühle die schartige Borke unter meinem Rücken, als plötzlich etwas ins Rutschen gerät. Es knackt. Ich kippe zur Seite, meine Hände greifen ins Leere und ich falle. Ich falle tief, mehrere Meter, und dann schließt sich das Wasser über mir. Meine Füße finden Grund, und zusammen mit einer Woge stinkendem Faulschlamm tauche ich prustend aus dem Wasser auf. Ich habe Wasser in den Ohren, Schlamm läuft mir aus den Haaren, ich aber stehe im Fluss und lache. Ich lache, weil ich unverletzt bin, weil das Wasser nicht allzu kalt ist und weil ich mich unfreiwillig und völlig durchnässt in meinem Fluss wiedergefunden habe. Die Werra duldet keine Eitelkeit. Ich war mir zu sicher geworden, dass ich die Werra kenne, dass mir am Fluss nichts geschehen kann – so wie mir unzählige Male nichts geschehen ist, als ich auf Bruchweidenästen balanciert und geklettert bin.

Den ganzen Tag hatte ich – im Nachdenken über die Kieswerke – diese Liedzeile des alten Kinderliedes von Reinhard Lakomy vor mich hingesummt: „... auf dem Grunde wandern kleine, feine, reine Kieselsteine ... Wollte solch ein Steinchen langen, da hat mich der Bach gefangen ...“ Und nun hatte mich der Fluss verschluckt. Nur für Sekunden, aber doch heilsam für jenen kleinen Anflug von Hochmut, der in mir hatte aufkommen wollen. Tropfnass, verdreckt und demütig stehe ich schließlich oben auf der Uferböschung, die hinaufzuklettern, alles andere als einfach war. Dass mein Auto nicht mehr weit entfernt parkt und ich einen fast kompletten Satz trockener Kleidung darin liegen habe, ist mehr als ein glücklicher Zufall.
Auf der Heimfahrt juckt meine Haut und mir kommt unwillkürlich Heraklits berühmtes Fragment der Flusslehre in den Sinn: „Man kann nicht zweimal in den selben Fluss steigen“, heißt es da, „denn es fließt anderes und wieder anderes Wasser nach.“ Im Sommer bei Merkers war das Bad im Fluss ein herrlich verlockendes Abenteuer, unterdessen aber flossen im Kalirevier salzgesättigte Wasser in die Werra, sodass ich mich nach meinem zweiten Bad im Fluss eher unwohl fühle und das Bedürfnis verspüre, mir schleunigst Wasser und Schlamm von der Haut zu waschen.
Nach der Flusslehre des griechischen Naturphilosophen befindet sich alles in einem fließenden ständigen Prozess des Werdens und Wandelns. Der Fluss ist dabei ein Gleichnis. Was für seine Wasser gilt, gilt gleichermaßen für alles andere. So bin auch ich am Abend nicht mehr dieselbe wie am Morgen noch, als ich aufgestanden bin. Wie sehr der Fluss fließt und alles und mich verändert, heißt er aber auch Fluss, weil an seinen Rändern Ufer sind. Also etwas, das stabil ist oder nur einem langsamen Wandel unterliegt. Mein Fließen hat daher feste, sichere Haltepunkte, und dazu zählt auch die tiefe Liebe zur Landschaft meiner Heimat. Zu den Dingen, die sich darin seit meiner Kindheit nicht verändert haben. Die Kirchtürme der Dörfer, die Tauben auf den Dachfirsten der alten Fachwerkhäuser, die Kopfweiden am Weg, die mächtigen Hutebäume auf den Hügeln und mitten darin die Werra.

Vom Nebel

kon·den·sie·ren

/kondensiéren/

schwaches Verb

1. Übergang des Wassers vom gasförmigen in einen flüssigen Zustand
2. gasförmige Stoffe durch Abkühlung oder Druck verflüssigen

Am Fluss nahe Dankmarshausen

Spätsommer in der Flussaue

Um kurz nach sieben stehe ich zur Morgendämmerung in der Werraaue bei Dankmarshausen. Oben auf den Hügeln glitzert Raureif an den Wegen. Im Flusstal liegen die Wiesen nass und klamm unter einer dichten Nebeldecke. Ich höre Flügelschläge. Ein Gänseschwarm ist kurz über mir auszumachen und verschwindet wieder im Dunst. Schemenhaft tauchen am Wegesrand vereinzelte Hecken und Bäume auf. Es ist ganz still und seltsam unwirklich. Wenn der Nebel die klare Erscheinung der Dinge verwischt und das Land weichzeichnet, reduziert sich der Ausblick auf blasse Schemen, wie ein Bild, das der Maler eben erst beginnt. Tuschezeichnungen sind die glänzenden Gräser im Morgentau, als Gefangene wehen Wassertröpfchen in den Netzen kleiner Spinnen. Kaum ein Wind regt sich.
Da schickt ein Zilpzalp sein Lied in den beginnenden Morgen. „Zilp zalp zalp zilp zalp zilp zilp zalp" tönt es aus der Dornenhecke. Wie der Kuckuck ruft auch der zierliche olivbraune Vogel aus der Familie der Laubsänger immerwährend seinen Namen. Als ich den Fluss erreiche, fliegen laut schnerbelnd Nilgänse und Stockenten auf. Die Ufer der Werra sind eingesponnen in unzählige Netze und Fäden. Millionen Tautropfen funkeln wie kleine Diamanten in den vertrockneten Rispen von Rainfarn und Giersch. Rauch steigt aus dem Wasser auf und zieht in großer Eile, wie ein endloser, vorüberfahrender Zug, entgegen der Fließrichtung davon.

Ich bin so viele Kilometer allein am Fluss entlanggegangen, doch so einsam und verlassen wie an diesem Morgen habe ich mich bislang nie gefühlt. Das macht der Nebel, der die Welt um mich verschwinden lässt. Die Ferne ist wie ausradiert und mit ihr alle Menschen und menschlichen Belange. Selbst der gigantische Kaliberg scheint nicht mehr zu existieren. Nur, weil ich es zuzuordnen weiß, höre ich leise das monotone Rattern und Rauschen der Förderbänder, das aus dem Nichts herantreibt. Eine mächtige alte Esche schält sich mit jedem Schritt, den ich näher komme, deutlicher aus dem Dunst. Nass glänzt die hölzerne Bank darunter. Ich verweile einen Augenblick. Aus den Zweigen tropft der Tau wie ein sachter Regen in den träge strömenden Fluss. Blätter trudeln langsam nieder, treffen auf die Wasseroberfläche und treiben davon.
Ich wandere Biegung um Biegung durch das Nebelland, den Fluss an meiner Seite und den Pfad vor meinen Füßen zur einzigen Orientierung. Als ich in Berka/Werra ankomme, liegt das Städtchen wie ausgestorben im Tal. Kein einziger Mensch ist zu sehen. Es ist nach neun, doch der Nebel will sich nicht lichten. Das Flusstal verharrt im Dämmergrau. So kehre ich um und laufe zurück nach Dankmarshausen. Können die Augen nicht weit sehen, schärfen sich die anderen Sinne. Einzelne Geräusche werden groß: das Knacken eines Astes unter meinem Schuh, die heiseren Rufe der Saatkrähen, der aus dem Gehölzsaum auffliegende Milan, der mit lauten Schreien im Tiefflug über die Wiese davonsegelt. Ohne jedes Geräusch zieht ein Schwanenpaar auf dem Wasser vorbei.
Wenn die Nächte im Herbst kälter werden und die Erde auskühlt, wenn am Tag aber die Sonne die Luft noch zu erwärmen vermag, ist die hohe Zeit des Nebels. Feinste Wassertropfen beginnen am Ende der Nacht, kurz bevor der Morgen heraufdämmert, über dem Boden zu schweben. Mehr und mehr kondensiert der Wasserdampf aus der Luft, verdichtet sich und wird zu einer Wolke, die nicht am Himmel zieht, sondern über dem kühlen Erdreich verweilt und mit mir auf Tuchfühlung geht. Mit dem Flussrauch aber verhält es sich anders: Er steigt auf, weil die kalte Morgenluft über das noch warme Wasser streicht.

Blick vom Kieswerk Dippach zum „Monte Kali"

Im Dankmarshäuser Rhäden

Ich habe eine Stunde später Dankmarshausen fast erreicht, als sich der dichte Dunst endlich aufzulösen beginnt und die Sonne durch die Wolken bricht. Wie eine Erscheinung taucht der Kaliberg aus den Nebeln auf. Weiß und unwirklich vor dem aufklarenden blauen Himmel. Da höre ich sie rufen: Ein vielstimmiger Chor trillernder, trompetender Töne nähert sich, und schon bald kann ich die Formation des Kranichzuges am Himmel ausfindig machen.
Als ich ein Kind war, hinterm Eisernen Vorhang lebte, waren mir Kraniche exotische Vögel, die in Gedichten oder in fernen unerreichbaren Ländern vorkamen. Wenn die Nächte kalt wurden und die Blätter der Birken sich in helles Gold verwandelten, zogen jedes Jahr im Herbst Schneegänse über unseren kleinen Weiler. „Die Schneegänse kommen!", rief mein Urgroßvater und wies mit seiner schwieligen Hand meinen Blick in den Himmel. Dort zogen sie. Heiser rufend und im Formationsflug immer wieder neue geheimnisvolle Zeichen vor das tiefe Blau schreibend. Jedes Jahr war es ein Ereignis, wenn die ersten Gänse im Anflug waren. Vielleicht waren es ihre sehnsuchtsvollen Rufe oder die fließend wechselnden, undeutbaren Chiffren, die ihr Flug hervorbrachte, die mich so faszinierten. Vielleicht aber auch die von Generation zu Generation weitergegebene Begeisterung über ihre jährliche Durchreise. Sie kündigten uns den nahenden Winter an: Wenn der Herbsthimmel klar und strahlend blau war, zogen die Vögel in den Süden, kamen die ersten Fröste zur Nacht. Eines Tages – ich weiß nicht mehr, wie alt ich war – überraschte mich meine Mutter mit der Anmerkung, dass es sich genau genommen nicht um Gänse handeln würde, die alle Jahre über den Himmel gezogen waren, sondern um Kraniche. Durch das Fernglas könne man ihre langen Stelzen deutlich erkennen. Die Großeltern und Urgroßeltern hatten es nicht besser gewusst: Die Schneegänse meiner Kindheit waren immer Kraniche gewesen.
Der althochdeutsche Name des Vogels „cranuh" ahmt lautmalerisch das weit tragende Rufen nach, mit dem die Kraniche auf Stimmfühlung gehen, wenn sie einander nicht berühren können und dennoch Kontakt halten wollen – wie etwa beim Kolonnenflug ins südlichere Winterquartier und zurück. Das war für mich als Kind schon unvorstellbar: Wie es möglich ist, Hunderte, manchmal Tausende Kilometer weit mit den Flügeln zu schlagen und dabei unaufhörlich laut zu rufen. Zugvögel sind zu so vielen erstaunlichen Dingen fähig. Sie können die Magnetfeldlinien der Erde wahrnehmen und erkennen, ob sie Richtung Pol oder Richtung Äquator fliegen. Sie wissen auch an bewölkten Tagen, wo sich die Sonne gerade befindet, weil sie die Schwingungsrichtung des Sonnenlichts sehen können. Sie orientieren sich am Stand der Sonne im Tageslauf und in der Nacht an der Position der Sterne.
Dass der Herbstzug der Kraniche ein jährlich wiederkehrendes Ereignis in meinem Leben ist, verdankt sich der Werra. Aus dem Norden kommend, führt die westeuropäische Zugroute der Kraniche über das Thüringer Becken nach Südwesten und trifft unweit der nördlichen Grenze des Wartburgkreises auf das erste Mittelgebirge. Der Anstieg über die Höhen ist kräftezehrend, weswegen die Vögel das Durchbruchstal der Werra bei Treffurt nutzen und, eine Weile dem Fluss folgend, ihre Reise über meine Heimatregion hinweg ins Hessische fortsetzen.
Bei günstigen Flugbedingungen können die Tiere von ihren Sammelplätzen im Norden ohne Halt bis nach Südeuropa fliegen. Seit einigen Jahren aber rasten Kraniche auch im Werratal. Im Naturschutzgebiet „Rhäden", unweit von Dankmarshausen, verweilen Hunderte Vögel jedes Jahr mehrere

Wochen. Im morastreichen Rhädenwald haben sich sogar Paare zum Brüten niedergelassen. Der „Rhäden" war einst eine weitläufige Sumpflandschaft in der breiten Talniederung der Werra, bis sie in der Mitte des neunzehnten Jahrhunderts zur Grünlandgewinnung trockengelegt wurde. Rund einhundert Jahre später begannen hessische Naturschützer die Entwässerungs-Drainagen zuzuschieben und so auf dem Gebiet der Bundesrepublik bis hin zur damaligen deutsch-deutschen Grenze das alte Feuchtgebiet wiederherzustellen. Nach dem Ende der DDR konnte der thüringische Teil bei Dankmarshausen zurückgewonnen werden. Das länderübergreifende Naturschutzgebiet ist heute eines der wichtigsten Brut- und Rastgebiete für Wasservögel und Wiesenbrüter in Thüringen und in Hessen. Über zweihundertvierzig Vogelarten werden alljährlich gezählt.

Als ich im Rhäden ankomme, liegt noch immer Dunst über den Wiesen, auf denen friedlich dunkelbraune Rinder mit mächtigen Hörnern grasen. Die Aussichtsplattform am Rundwanderweg, auf der sich bei gutem Wetter zahlreiche Hobby-Ornithologen mit imposanten Fernrohren einfinden, steht noch verlassen. Über die vielen kleinen und größeren Wasserflächen schallt das Lachen unzähliger Gänse, Blesshühner hupen vom gegenüberliegenden Ufer herüber. Ich entdecke Haubentaucher, Höckerschwäne und Kormorane, die mit abgewinkelten Flügeln auf den Ästen eines abgestorbenen Baumes in der Mitte der größten Wasserfläche sitzen. Die Kraniche suche ich vergebens. Sie sind, das sonnige Wetter nutzend, weiter nach Süden geflogen.

Von Nixen und Hexen

Hei·lig·tum

/Heiligtum/

Substantiv, Neutrum [das]

1. heilige Stätte, ein Ort oder ein Gebäude von zentraler religiöser Bedeutung
2. etwas als heilig und unantastbar Betrachtetes

Ein geheimnisvolles Püppchen im Weißdorn

Morgennebel bei Gerstungen

Welk ist das Schilf geworden. Raschelnd wogt es im Herbstwind, längs des Wanderweges, der von der Werrabrücke in Berka/Werra nach Gerstungen führt. Am Flussufer wachsen Herbstastern in üppigen Stauden. Noch prunken ihre unzähligen blassblauen Blüten, die Blätter der Pflanzen aber hängen schon gelb und trocken herab. Die Karte zeigt mir an, dass unweit des Flussufers ein kurzes Stück eines alten Werraflussarms zu finden ist. Unzugänglich verborgen liegt die Wasserfläche hinter dichten Hecken und Bäumen. Der Wanderweg nach Gerstungen biegt an dieser Stelle in Richtung Untersuhl ab. Ich aber gehe weiter am Flussufer entlang und ende einige Minuten später in einer Sackgasse. Ein undurchdringlich bewachsener Bachlauf mündet in die Werra – das Durchkommen ist unmöglich.

Als ich umkehre, blitzt am Gehölzsaum des Altarms plötzlich etwas Rotes aus einem Weißdorn hervor. Etwas, das weder Blatt noch Beere zu sein scheint. Neugierig überquere ich die Wiese und stehe staunend vor einem Rätsel. Die Hände einer geheimnisvollen Unbekannten haben mit viel Liebe aus Wollfäden Dutzende farbige Kordeln kunstvoll gebunden, mit Stoffblüten und anderem Schmuck verziert und an die stacheligen Zweige der Dornenhecke gehängt. Auch zwei kleine Püppchen mit Schürzchen und Zöpfen leuchten in der Nachmittagssonne aus den Blättern hervor und schmücken den unscheinbaren Strauch, der sich – halb hinter Brennnesseln verborgen – unter eine stattliche Erle duckt. Ich gehe tiefer ins Dickicht hinein, um die kleinen Gebilde in Augenschein zu nehmen. Kordeln und Püppchen sind kaum verblasst und scheinen der Witterung noch nicht lange ausgesetzt. Ich hebe die Hand, um eines anzufassen und halte inne. Ich habe den merkwürdigen Gedanken, dass ich es mit meiner Berührung entweihen und mich damit ins Unglück stürzen könnte. Ich frage mich, wer eine halbverborgene Weißdornhecke, weit abseits des Spazierweges, mit derart kunstvoll hergestellten Püppchen und Kordeln schmückt. Für einen Moment rutsche ich aus der Realität in die mir beinahe ebenso vertraute Welt der Märchen und Sagen. Schon als Kind war mir das hohe Regal in der Bibliothek, in dem die Märchenbücher aus aller Herren Länder standen, das liebste, und ich habe sie alle gelesen. Die Göttersagen, die Geschichten von Hexen, Nixen und Wasserfrauen, die mir just in diesem Moment in den Sinn geraten: die unwiderstehlichen, todbringenden Nixen, die mit feuchtem Rocksaum unter den Menschen wandeln, zu dörflichen Festen erscheinen oder auf Felsen am Flussufer sitzend, einen verzauberten Gesang anstimmen und unvorsichtige Mannsbilder in die Tiefe locken; die fürsorglichen Wasserfrauen, die als Wassermütter Leben, Schutz und Segen spenden – eng verwandt mit den Najaden der griechischen Sagen, die als Schutzgeister Bäche, Seen, Quellen und Flüsse bewachen. Versiegt das Wasser oder trocknet aus, so schwindet die Lebenskraft der Wasserfrauen. Auch von Werranixen erzählen die Sagen. Von der eifersüchtigen Hulda, mit der einer der Herren der Brandenburg ein inniges Liebesverhältnis gehabt soll, die ihm Kapelle und Burg in einem mächtigen Sturm zerstörte, als er sich eine irdische Frau erwählte. Eine andere Geschichte berichtet von einer Nixe, deren Schloss just unterm Wasserspiegel der Werra zu Füßen der Brandenburg lag. Ein schönes Burgfräulein verfiel der Wassernixe derart, dass es ihr den einzigen Sohn in die Tiefe schickte. Noch heute geistert das sündige Burgfräulein als Lindigsweibchen um die Brandenburg und hockt sich Wanderern auf, die sie bis in ihr Verderben tragen müssen.

In der Werraaue zwischen Gerstungen und Neustädt

Herbstlicht über der Werraaue bei Gerstungen

Eine Schreckensgestalt, die in den Wellen der Werra wohnt, ist der Wassermann. Er hat den Leib eines Fisches und das Antlitz eines Menschen. In seinem grünen Haar wachsen Seerosen, sein Bart wogt wie langes Schilf. Wer sich zu nah an den Rand des Wassers wagt, den ergreift der Wassermann und zieht ihn in sein Boot. Glücklich ist, wer nach wilder Fahrt lebendig zurück ans Ufer geworfen wird, andere spült es erst nach einigen Tagen als bleiche, starre Leichname an den Strand. In Gerstungen hingegen warnen die Alten vor der Hakenfrau, die Unvorsichtige unversehens in die Tiefe zerrt. Nach altem Volksglauben fordert der Fluss jedes Jahr ein Opfer. Der dämonische Wassermann symbolisiert die Gewalt des Wassers ebenso wie die tückische Hakenfrau. Zugleich dienten die Sagengestalten dazu, Kinder zum Gehorsam anzuhalten. Eine solches Schauermärchen, mir aus Kindertagen zutiefst vertraut, ist jenes von den Nachtraben. Der Glaube an sie ist vor allem im Werratal beheimatet. Nachtraben sind große schwarze Rabenvögel mit leuchtend gelben Augen, eisenharten Krallen und Schnäbeln. Meine Großmutter wusste schauerlich zu erzählen, wie die Nachtraben aus den Lüften herabschießen, mit scharfem Griff Kinder packen und davontragen, die in der Dunkelheit noch draußen sind und nicht schlafen gehen wollen. Auch die Lichtermänner, die in den Sümpfen und feuchten Wiesen der Werraaue umgehen, führen ungehorsame Kinder und jene Wanderer mit bösem Gewissen ins Verderben. Als hell aufleuchtende Flämmchen locken sie, den sicheren Weg zu verlassen. In anderen Gegenden heißen diese Erscheinungen auch Irrlichter oder Herrwische. Ehrlichen und treuen Menschen, berichten die Sagen, sind die Lichtermänner jedoch gute Wegbegleiter in dunkler Nacht.

Der wilde Fluss und seine wasserreichen Auen boten zu allen Zeiten Stoff für Märchen und Geschichten. In anderen Kulturen werden Flüsse bis heute als Gottheiten verehrt. Seit Urzeiten gibt es Tempel, die den Flussgöttern geweiht sind. So brachten fast alle vorchristlichen Völker den Flüssen Schmuck, Münzen, Tier- und auch Menschenopfer dar. Opferplätze und Heiligtümer waren vor allem an Flussquellen zu finden, die von keltischen und germanischen Stämmen als Symbol des Lebens verehrt wurden. Vielleicht hat es mit dem seltsamen Schmuck in der Dornenhecke eine ganz andere Bewandtnis – mir aber ist, als wäre ich auf ein Heiligtum aus uralter Zeit gestoßen, auf einen geheimen Ort der Verehrung für den Fluss.

Dem Wanderweg folgend, verlasse ich wenig später Werra und Altarm. Jenseits der kleinen Brücke öffnet sich die Aue. Weiße Charolais-Rinder weiden auf den Wiesen vor der Kulisse herbstgoldener Bäume, hinter denen die ersten Häuser von Gerstungen zu sehen sind. Zu gern würde ich etwas näher herangehen, aber die gesamte Fläche steht unter Naturschutz und ist gleich vierfach von Stacheldraht gesäumt. Auch in Gerstungen selbst ist es an dieser Seite des Ufers unmöglich, am Fluss entlangzugehen. Der Wanderweg führt durch Kleingärten und Straßen, bis er am Mühlrasen endlich wieder den Fluss erreicht. Hier befand sich einst, direkt am Flussufer, der Richtplatz der Gemeinde. Gerstungen war Gerichtsort für die Ortschaft selbst und die umliegenden Dörfer. Das nur wenige Schritte entfernte Schloss beherbergte noch bis ins zwanzigste Jahrhundert das Amtsgericht.

Heute sind in dem Fachwerkbau, auf dessen Treppengiebel ganz oben ein Storchennest thront, das Werratalmuseum, ein Kindergarten und die Bibliothek untergebracht. Dort bin ich mit der liebenswürdigen Bibliothekarin verabredet, die mir Material zu den Gerstunger Hexenprozessen und einen Tee bereitgestellt hat. Mit Klebezetteln hat sie mir schon die wichtigen Stellen in den Büchern markiert. Dankbar vertiefe ich mich in die Lektüre. Die Gerstunger Ortschronistin Fredy Richter hat die Vorgänge aus den alten Amtsakten in spannende, anrührende Geschichten verwandelt, die mich unmittelbar in das späte siebzehnte Jahrhundert versetzen: In jener Zeit ist im Amtsgefängnis des Schlosses, seit Monaten schon, Margarethe Möller eingekerkert. Vier Kinder warten in Neustädt auf die junge Mutter, das fünfte hat sie im Gefängnis zur Welt gebracht. Sie steht im Verdacht, eine Hexe zu sein, weigert sich aber standhaft, allen Torturen in der Folterkammer zum Trotz, ihren Bund mit dem Teufel einzugestehen. Als sie nach einem weiteren halben Jahr und unzähligen Befragungen unter der Folter zusammenbricht und gesteht, soll sie auf dem Mühlrasen am Werraufer verbrannt werden. Dort wehrt sie sich so heftig, dass der Scharfrichter sie mit dem Schwert richtet, bevor das Feuer entzündet werden kann. Sie ist nicht die einzige Hexe, der auf dem Mühlrasen der Prozess gemacht wird. Fünf weitere unschuldige Frauen aus Gerstungen und Neustädt teilen innerhalb kurzer Frist ihr trauriges Schicksal und werden am Ufer der Werra verbrannt.

Nachdenklich verlasse ich die Bibliothek, steige die schmale knarrende Treppe zum Torhaus hinunter, in welchem sich einst die Amtsgefängnisse befanden, und ziehe die schwere alte Holzpforte mit den eisernen Beschlägen hinter mir zu. Rings um das Schloss und die benachbarte Kirche ducken sich, zur Ortsmitte aber auch zum Werraufer hin, unzählige Fachwerkhäuser. Es fällt nicht schwer, sich das alte Gerstungen zur Zeit der Hexenprozesse vorzustellen. Direkt hinter den letzten weißen Häusern mit dunklen, bunt verzierten Balken biegt die Werra ein. Ein frischgeschorenes Schaf blökt über einen Gartenzaun hinweg, auf einer Hausschwelle sitzt eine grau gefleckte Katze und blinzelt träge in die Oktobersonne. Als ich wieder am Flussufer, nahe des Lindigbachbrückchens, auf dem Mühlrasen stehe, frischt der Wind mit einem Mal auf und reißt die Blätter der Pappeln und Weiden von den Zweigen. Wie ein Regen gehen sie auf die Wasserfläche nieder und treiben, kleinen Booten gleich, davon. Mir ist, als würde ich zusehen, wie der Fluss den Sommer mitnimmt. Blätter rascheln bei jedem Schritt unter meinen Füßen, Maulwürfe haben Dutzende Haufen aufgeworfen, die aus dem dicken Laubteppich ragen. Das ist ein so friedlicher Anblick, wie der Fluss, in der Sonne funkelnd, mit seiner Laubfracht wiesenentlang strömt. Unvorstellbar, dass hier über Jahrhunderte ein Galgen stand und Menschen hingerichtet wurden. Aber auch das heißt Mensch sein: dass man vergisst und verdrängt. Knapp zweihundert Jahre nach der letzten Hexenverbrennung auf dem Mühlrasen wurden an selber Stelle Turnrecke, Kletterstangen und andere Sportgeräte zur Freude und Ertüchtigung der damaligen Gerstunger Schulkinder aufgebaut.

Von den Fischen

Hin·der·nis

/Híndernis/

Substantiv, Neutrum [das]

1. hindernder Umstand, Sachverhalt; Hemmnis, Schwierigkeit

2. etwas, was das direkte Erreichen eines Ziels, das Weiterkommen, behindert oder vereitelt

In der Werraaue bei Neustädt

Frostmorgen in der Werraaue nahe Neustädt

Hinter Gerstungen geht die Werra in weiten Bögen durch die Wiesenaue. Am Ufer glitzert der erste Frost auf den Gräsern und im gefallenen Laub. Bald schon schwindet der eisige Nebel über dem Flusstal in der aufsteigenden Morgensonne. Die Wälder auf den Höhenzügen rings der Aue leuchten in rotem Gold. Darüber spannt sich azurblau der Himmel auf, Schleife um Schleife fließt die Werra durch die Wiesen. So langsam, dass sich die bunt belaubten Bäume und Sträucher in ihrer beinahe glatten Oberfläche spiegeln. Unzählige Pfaffenhütchen sorgen in diesen letzten Oktobertagen für ein flammendes Farbspektakel am Flussufer. Karmesinrot ummantelt sind die orangefarbenen Früchte, mit denen die Sträucher überladen sind. Sie ähneln der vierkantigen Kopfbedeckung katholischer Kardinäle. Alle Teile des anmutigen Strauches enthalten starke Giftstoffe, an denen sogar große Weidetiere sterben können. Rotkehlchen, Drosseln und Meisen hingegen sind die Früchte des Pfaffenhütchens ein bekömmlicher Leckerbissen, weshalb der Strauch im Volksmund auch Rotkehlchenbrot genannt wird.

Der Fluss strömt auf Sallmannshausen zu, unter der Brücke hindurch und ins Wehr hinein. Die beiden schräg zueinander laufenden Wehrkronen sind dicht an dicht, wie stachlige Kämme, mit Ästen und Schwemmgut bewehrt. Davor ruht das Wasser träge und breitet sich wie ein See vor den alten Häusern am Ufer aus. Früher lebten viele Fischer in Sallmannshausen. Vor einigen Jahren noch wurde im Ort eine Fischfanganlage betrieben: der Schweddrich. „Schwädern" bezeichnete in der Fachsprache der Fischer das Plätschern des Wassers, wenn sich Fische darin bewegen. Das Fanggerät besteht aus einem speziell gestalteten Lattenrost hinter dem Mühlenwehr. Über eine Schleusenöffnung konnte nachts, wenn die Mühle stillstand, das Flusswasser mit hoher Geschwindigkeit in den Schweddrich geleitet werden. Dabei wurden Fische, die sich in der Nähe des Wehrs befanden, durch die Sogwirkung auf den Lattenrost gespült, wo die größeren Exemplare liegenblieben und abgesammelt wurden. Kleine Fische hingegen fielen unbeschadet durch die Latten hindurch und konnten ins Flussbett zurückfinden. Gefangen wurden so vor allem die nachtaktiven Aale. Heute gibt es keine Berufsfischer mehr an der Werra. Die Wehranlage von Sallmannshausen ist schon seit über fünfzig Jahren außer Betrieb. Der denkmalgeschützte Schweddrich verfällt. Er liegt verborgen hinter einem dichten, hohen Schilfgürtel neben der alten Mühle. Ein mühsames Stück weit kämpfe ich mich durch die trockenen, raschelnden Halme und werfe einen Blick auf die mehrere Meter lange Fischfanganlage. Ihr Holz ist silbrig verwittert, eine Leiter führt hinab zum Lattenrost. Bilder einer nachtdunklen Werra, eines Fischers mit Laterne und armlanger Aale, die sich zu Dutzenden auf dem Lattenrost winden und das Wasser zum Brodeln bringen, kommen mir in den Sinn.

Aale faszinieren mich schon immer. Seit der Antike zerbrechen Wissenschaftler sich den Kopf über die Rätsel, die ihnen der Aal mit seiner Lebensweise aufgibt. Einst hielt man für drei unterschiedliche Fischarten, was in Wirklichkeit Entwicklungsstadien ein und desselben Fisches waren. Wo die Aale herkamen, blieb über Jahrhunderte ein Rätsel, bis ein unermüdlicher dänischer Forscher herausfand, dass die durchsichtigen Glasaale, die zu bestimmten Zeiten des Jahres in Massen vor den europäischen Küsten auftauchen, alle aus der Saragossa-See kommen. Aus den unergründlichen Tiefen des Atlantischen Ozeans, östlich von Florida, tauchen die weidenblattförmigen Larven eines Tages zu Tausenden auf. Mit den nordatlantischen Strömungen treiben sie in ihren ersten Lebensjahren bis

Das Wehr von Sallmannshausen

Der alte Schweddrich

vor die europäische Küste. Wenn sie dort ankommen, sind sie sieben Zentimeter lang und gelten als Delikatesse. Die Glasaale, die dem Fischfang vor der Küste entkommen, wechseln nun vom Salzwasser des Meeres in die Süßwasserflüsse und steigen diese hinauf. Dabei verändern sie erneut ihr Aussehen. Die Durchsichtigkeit schwindet, der Bauch der schlangenähnlichen Fische wird gelb. In unseren heimischen Seen und Tümpeln verbringt der Gelbaal seine nächsten Lebensjahre. Wartend und fressend. Bis sich eines Tages – nach zehn oder fünfzehn Jahren – etwas in dem Tier rührt. Sein Geschlechtstrieb erwacht und der Drang, ins Meer zurückzukehren. Über kleinste Wasserwege, und in nassen Nächten auch an Land, reist der Aal über den Fluss zurück ins Meer. Zwischen fünftausend und siebentausend Kilometer legt er dabei innerhalb eines Jahres zurück – ohne einen Bissen Nahrung zu sich zu nehmen. Ganz gleich, ob es sich um ein Männchen oder ein Weibchen handelt: Der Aal verwandelt sich dabei ein letztes Mal. Sein Verdauungssystem bildet sich zurück und macht Platz für die Geschlechtsorgane, die schließlich seine ganze Leibeshöhle einnehmen. Seine Farbe verändert sich von braun-grün zu silbern. In der Saragossa-See verliert sich die Spur der silbernen Aale. Niemand hat dort jemals einen Aal sich fortpflanzen oder sterben sehen. Alles was wir wissen, ist, dass die erwachsenen Tiere dort eintreffen, abtauchen und dass statt ihrer schließlich unzählige Weidenblattlarven an die Oberfläche des Meeres kommen.
Der Aal ist, neben Gründling und Döbel, einer der häufigsten Fische in der Werra. Doch er kommt nicht auf natürliche Weise im Fluss vor und gilt daher als ausgestorben. Die Reise der Aale ist durch menschliche Einwirkung extrem gefährlich geworden. Nicht nur, dass Tausende Glasaale abgefischt werden, bevor sie die Süßwasserflüsse überhaupt erreichen, die Flüsse selbst sind durch Wasserkraftwerke zu tödlichen Fallen geworden. Der zähe Wanderer und Überlebenskünstler Aal, der sogar glatte Betonwehre überwinden kann, wird bei der Wanderung flussabwärts zum Opfer der Turbinen. Von einhundert Aalen, die in der Werra wandern, erreicht vielleicht ein einziger die Nordsee. Kaum ein Aal in der Werra ist, vom Meer kommend, den Fluss heraufgewandert, die vorhandenen Tiere wurden von Angelvereinen als Jungfische erworben und im Fluss eingesetzt. Der Europäische Flussaal ist vom Aussterben bedroht. Experten befürchten, dass es ihn in zwanzig oder dreißig Jahren in unseren Gewässern nicht mehr geben wird. Bis heute hat es kein Labor geschafft, Aale zum Heranwachsen zu bringen, dies gelingt nur jenen Tieren, die aus der geheimnisvollen Tiefe der Saragossa-See auftauchen.

Am Sallmannshäuser Wehr bietet eine großzügige Fischtreppe wandernden Fischen gute Bedingungen. Das Wasserkraftwerk ist nicht mehr in Betrieb. Hier durchzukommen – ob flussaufwärts oder flussabwärts – wäre für den Aal nicht schwierig. Doch in Sallmannshausen steht nur eines von über sechzig Querbauwerken in der Werra. Knapp dreißig Wasserkraftwerke und eine Mühle sind davon noch in Betrieb. Schon im nächsten Ort, an der Steinmühle Wommen, ist der Aufstieg für Fische von gravierenden Einschränkungen betroffen – für mehr als die Hälfte der wandernden Tiere endet dort die Reise. Vor einigen Jahren gab es bereits große Anstrengungen, den Mittellauf der Werra für Fische wieder durchgängiger zu gestalten. Wehre wurden zurückgebaut und Fischtreppen angelegt.

Doch viele der Anlagen schützen wandernde Fische nicht ausreichend. An anderen Stellen gibt es bislang noch gar keine Umgehungsmöglichkeit. Mehr als zwei Drittel der Querbauwerke stellen bis heute unüberwindbare Hindernisse für wandernde Fischarten dar. Wehre hindern aber nicht nur die Fische am Wandern. Sie behindern auch den Fluss in seiner Arbeit. An den Flusssperren bleiben Kies und Sediment hängen und können nicht weitertransportiert werden. In einem gesunden Fluss findet in den Lücken zwischen den Kieselsteinen der Austausch des sauerstoffreichen Flusswassers mit dem Grundwasser statt. Kleinstlebewesen, die das Wasser filtern und den Fischen als Nahrung dienen, sitzen zwischen den Steinen. Äschen, Barben und Forellen legen ihre Eier in den lockeren Kies, damit sie geschützt vor der Strömung und vor Feinden heranreifen. Wenn die Lücken zwischen den Kieseln verschwinden, weil der ruhende Kies sich mit Sedimenten verfüllt, verändert sich – unsichtbar für menschliche Blicke – der gesamte Lebensraum der Fische.

Ich bin im Fluss geschwommen und in den Fluss gefallen, ich habe unzählige Stunden schreibend und beobachtend an seinen Ufern gesessen. Aber ich habe, wird mir mit einem Mal bewusst, noch keinen einzigen Fisch gesehen. Dafür unzählige Angler. Auch am Sallmannshäuser Werraufer steht ein Mann und hat drei Angelruten ausgeworfen. Auf meine Frage, was er am häufigsten fängt, antwortet er: „Hecht." Manchmal hat er auch schon Aale gefangen, aber die beißen am besten nachts. Fische waren in früheren Jahrhunderten eine unentbehrliche Nahrung, denn freitags durfte kein Fleisch, dafür aber Fisch gegessen werden. An der Werra gab es zahllose Fischer. Die Fangrechte waren vom Landesherren abschnittsweise an privilegierte Müller oder adlige Grundherren vergeben die diese Rechte erfahrenen Fischern gegen wöchentlich zu leistende Fischdienste übertrugen. Damals beherbergte der Fluss eine hohe Vielfalt an Fischarten. Nicht nur die geheimnisvollen Aale wanderten, auch der silberne Lachs ging den Werrafischern in großer Menge in die Netze. Historische Quellen verzeichnen über dreißig Fischarten, die in der Werra heimisch waren. Heute sind es im Flussgebiet vom Kalirevier abwärts noch zwischen acht und fünfzehn, darunter Karpfen, Groppe, Schleie, Hecht, Zander, Rotfeder, Ukelei, Plötze, Döbel, Wels, Barsch und Forelle.

Dass in diesem Teil der Werra vergleichsweise wenige Fischarten zu finden sind, liegt nicht nur an den Querbauwerken, sondern vornehmlich an der starken Versalzung des Flusses, die das Süßwasserökosystem bis hin zur Weser nahezu vollständig zerstört hat. So wurde die Wirbellosenfauna von beinahe einhundert Arten auf gerade noch drei reduziert. Als Grundlage der Nahrungspyramide in der Werra blieben übrig: eine eingeschleppte neuseeländische Schnecke, ein Bachflohkrebs, der im Brackwasser beheimatet ist und gezielt in die versalzene Werra eingebracht wurde, und ein Strudelwurm, der fast alles überlebt. Die Krankheitsrate im Fischbestand in der Werra ist mit elf Prozent überdurchschnittlich, viele Fische weisen Geschwüre, Flossenschäden und Anomalien des Blutbildes auf und können sich nicht in ausreichender Zahl fortpflanzen. Am Oberlauf der Werra, bevor die größeren Salzeinleitungen erfolgen, bietet sich ein anderes Bild. Der Sportfischerverein Merkers vermeldet einen gesunden Fischbestand mit bis zu siebenundzwanzig Arten, die in seinem Gewässerabschnitt in größerer Menge vorhanden sind oder gesichtet wurden.

Das Herbstlaub spiegelt sich im Fluss

Flusspfad vor Lauchröden

Dem Angler am Sallmannshäuser Werraufer ist kein Glück beschieden. Sie beißen nicht, sagt er, und dass er es am nächsten Tag an einer anderen Stelle probieren will. Ich verabschiede mich und suche nach einem Weg am Fluss, der mich nach Lauchröden führen soll. Wie ich bald feststelle, ist die Werra über einige Kilometer hinweg vollkommen unzugänglich. Auf der linken Seite verläuft die Eisenbahntrasse unmittelbar am Flussufer entlang, auf der rechten erstreckt sich ein breiter Schilfgürtel, der in einen dichten, nicht zu durchdringenden Galerieauwald übergeht. Stehen an dessen Rand zunächst noch hell leuchtende Birken in einem goldfarbenen Gräsermeer, verdichtet sich die Vegetation schon wenige Schritte flusswärts. Birken, Erlen und Weißdorn verbergen die Werra hinter einer hohen Wand aus Grün, wie die Dornenhecke im Märchen das Schloss des verwunschenen Dornröschens. Nun ragt über den Baumwipfeln der trutzige Turm von Schloss Wommen auf. Ich höre Hundegebell und Stimmen – Dorf und Schloss aber bleiben meinem Blick ebenso verborgen wie der Fluss. Der kaum erkennbare Wiesenweg, auf dem ich am Waldsaum entlangwandere, ist das „Grüne Band". Wo einst die innerdeutsche Grenze das Land in Ost und West teilte, geht heute eine grüne Ader durch Deutschland. Die Unzugänglichkeit des Grenzgebietes bewahrte Naturräume, in denen seltene Tiere und Pflanzen Refugien fanden. Heute stehen sie unter Schutz und können in weiten Teilen entlang des ehemaligen Grenzverlaufes bewandert werden. Ab dem Wehr bei Wommen verläuft der Weg wieder nah am Fluss entlang. In ihrem breiten Bett strömt die Werra mit hypnotisierender Langsamkeit, vollkommen lautlos. Eine tiefe Stille liegt über der Flussaue an diesem Nachmittag.

Das letzte Wegstück vor Lauchröden führt bergan auf ein Steilufer. Vom Aussichtspunkt über dem Fluss geht der Blick tief hinab auf die Werra und weit hinaus über die Felder. Auf einer steilen engen Treppe steige ich wenig später wieder hinunter zum Ufer. Die Werra ist von ausladenden alten Bäumen bestanden, die ihre Äste weit über die Wasserfläche recken. Bruchweiden, Eichen und Ahornbäume, dazwischen bunt gefärbte Hecken, säumen den Fluss. Der schmale Pfad windet sich unter Gestrüpp und Ästen, die sich wie Tore auftun, hindurch – immer direkt an der Wasserkante entlang.

Ich habe mich zwischen die Stämme einer bemoosten Bruchweide gekauert und warte darauf, dass die Sonne hinter den Wolken noch einmal hervorkommt und das letzte Herbstlaub am Flussufer für ein Foto zum Leuchten bringt. Ein Stück flussaufwärts, auf einem kahlen Ast, sitzt ein Kormoran, seine Flügel hat er abgewinkelt ausgebreitet. In dieser Pose verharrt er als dunkles Kreuz minutenlang scheinbar reglos, als würde er beten. Der *Corvus marinus*, auch Meerrabe genannt, ist eine Kuriosität unter den heimischen Wasservögeln. Dreißig Meter tief und anderthalb Minuten lang kann er tauchen. Das gelingt ihm, weil seine Federn aufgrund ihrer besonderen Struktur Wasser aufnehmen und so den Auftrieb verringern. Um nach einem Tauchgang wieder unbeschwert fliegen zu können, müssen die Flügel trocknen, womit der Kormoran einen großen Teil des Tages zubringt. Kormorane sind großartige Fischjäger und wurden daher jahrhundertlang verbittert gejagt, bis sie schließlich beinahe ausgestorben waren. Auch heute, nachdem sich die Bestände durch intensive Schutzmaßnahmen wieder erholt haben, ist der Kormoran noch immer kein sonderlich beliebter Vogel. Das liegt nicht nur an seinem ungeheuren Appetit auf Fisch, sondern auch an seinem ätzenden Kot. Kormorane brüten zu Hunderten auf Bäumen, die sich durch ihre Ausscheidungen in kahle, weiße Gespenster verwandeln. Die Flora ist nach einer solchen Kormoraninvasion aber nicht dauerhaft abgestorben. Verschwinden die Vögel, verwandelt sich der ammoniakhaltige Kot in Nitrat, das als Düngemittel dafür sorgt, dass neue Pflanzen wachsen.

Die Sonne ist hinter dem Horizont verschwunden, ohne noch einmal ihr Licht über den Fluss zu schicken. Seit der Umstellung der Uhren auf die Winterzeit sind die Nachmittage kurz geworden. Allzu rasch bricht die Nacht über dem Fluss herein. Die goldfarbenen Ahornblätter leuchten als letzte noch aus den Schatten auf. Ich beeile mich, das nahe Dorf zu erreichen, bevor der schmale Pfad unter meinen Füßen nicht mehr zu erkennen ist.

Von Schiffen und Flößen

trei·deln

/treídeln/

schwaches Verb
ein Schiff vom Ufer (vom Treidelpfad) aus am Schlepptau (Treidel, Treil) mit Menschenkraft oder mithilfe von Zugtieren stromaufwärts ziehen

Es ist ein ungewöhnlich heller Novembertag. Die Sonne wärmt noch, und in den Wäldern, die sich vom Werraufer die hohen Berghänge hinauf ziehen, leuchten wie schwelende Feuer die letzten rotgold belaubten Bäume inmitten der kahl gewordenen Haine. Wenn ich ein Vogel wäre, der sich über Lauchröden in die Lüfte erhebt, könnte ich mit eigenen Augen sehen, wie sich der Fluss, gleich einer funkelnden trägen Schlange, durch das weite Tal am Fuß der Bergkette windet. So ausgeprägte Schleifen, wie durch die Wiesen unterhalb der Brandenburg, zieht er nirgends sonst. Ob ein Fluss gestreckt, geschwungen oder in Schleifen fließt, hängt von verschiedenen Faktoren ab. Dazu zählt das Gefälle, aber auch die Beschaffenheit des Untergrundes. Fließendes Wasser sucht immer den Weg des geringsten Widerstandes. Schon kleinsten Hindernissen weicht es aus, Kurven entstehen. An deren Außenseite, am Prallhang, hat es einen längeren Weg und fließt schneller. Das Flussufer wird dabei Stück für Stück abgetragen. An der Innenseite, am Gleithang, strömt das Wasser gemächlicher. Dort wird das mitgenommene Material abgelagert und nur langsam weitergeschoben. Ist das Gelände flach, die Strömungsgeschwindigkeit sehr niedrig und sind die Ufer des Flusses unbefestigt, dann verstärkt sich dieser Effekt. Der Fluss setzt stetig seine Ladung Schlamm und Kies am inneren Ufer ab, wo sie liegenbleibt und über die Jahre in das Flussbett hineinwächst, während sich die Außenseite immer stärker in die Landschaft frisst. Die so entstehenden ausgeprägten Schleifenbögen nennt man Mäander. Das Wort stammt aus der griechischen Antike – in Anlehnung an den vielfach gewundenen Lauf des Flusses Maiandros in Kleinasien. Mäander nannten die Griechen auch die jene verschlungenen Ornamente, die Vasen, Bordüren oder Stoffe bis heute schmücken. Das Mäandermuster symbolisiert das Erlangen von Ewigkeit durch Wiedererzeugung: Ein alterndes Wesen setzt ein junges an seine Stelle und erlangt so Unsterblichkeit. Das ältere Wesen rollt sich zusammen, während sich ein junges entfaltet.

Lange glaubte man, dass ausgeprägte Mäander, wie man sie von romantischen Gemälden des neunzehnten Jahrhunderts kennt, das Sinnbild für eine intakte und unberührte Flusslandschaft seien. Neuere Forschungen hingegen zeigen, dass Flüsse, die von menschlichem Handeln noch unberührt strömten, keine imposanten Gewässer in einem gewundenen Bett waren, sondern Tausende verästelte Wasseradern, die in den heutigen Tälern in einem Netzwerk kleiner Ströme, Bäche und Rinnsale unzählige Inseln und Bänke aus Kies umflossen.

In der Jungsteinzeit, als die Menschen vom Jagen und Sammeln zur Viehzucht und zum Ackerbau übergingen, endete diese Zeit der Unberührtheit der Flüsse. Wälder wurden gerodet, Ackerflächen entstanden, und bei Hochwasser wurde der freigelegte Lehmboden in die Aue geschwemmt. Über die Jahrhunderte, vor allem in der mittelalterlichen Rodungsperiode, als die Auen der Werra nahezu waldfrei waren, legten sich mehrere Meter dicke Schichten Auelehm über die einstige weite Kieslandschaft. Uferwälle entstanden, Nebengerinne und Altwässer verlandeten. Anstelle der verzweigten und verflochtenen Struktur zahlloser Wasserläufe entstand ein mäandrierender Hauptstrom mit wenigen Nebenarmen, die nur noch bei Hochwasser durchflossen wurden. Der Bau unzähliger Mühlen verstärkte zusätzlich die Bildung einzelner wasserstarker Ströme. Es waren Menschen, die unbeabsichtigt Mäander entstehen ließen, und es waren Menschen, die an vielen Stellen der Flüsse schließlich auch die Bildung von Mäandern durch Flussbegradigungen wieder unterbanden.

Brombeerranken

Der Werraprahm

Abseits aller menschlichen Wanderwege, unmittelbar entlang des Flussufers, führt fast immer ein schmaler fuchsbreiter Pfad. Ich nenne diese heimlichen Wege gedanklich Treidelpfade, nach jenen entlang der Flüsse, auf denen Menschen und Zugtiere schwer beladene Schiffe noch vor einhundertfünfzig Jahren flussaufwärts zogen. Die kaum sichtbaren Saumpfade entlang der Werra, die mich auf meinen Wanderungen durch Wiesen, Nesseln und Hecken führen, haben Rehe, Füchse, Dachse und andere Wildtiere entstehen lassen. Doch auch auf der Werra fuhren einst Schiffe den Fluss hinunter. Stromaufwärts wurde gestakt, oder die Schiffe wurden vom Ufer aus gezogen. Um mit der Kraft des Windes zu reisen, war die Werra zu schmal. Segel dienten allenfalls als Unterstützung bei der Reise flussaufwärts. Auch im Uferbereich der Werra bei Lauchröden wurde getreidelt, wie ein Foto von 1929 zeigt. Darauf ist ein Prahm zu sehen, der mit Kies beladen, von einem Ochsen stromaufwärts befördert wird. Prahme waren die vermutlich häufigsten Schiffe auf der Werra. Der lange, kastenartige Kahn war in flachen Gewässern aufgrund seines geringen Tiefgangs auch bei Niedrigwasser verkehrstüchtig. An seinem Mast konnten Segel befestigt werden oder lange Seile, an denen das Gefährt den Fluss hinaufgezogen wurde. Auch als Fährboote, zwischen Lauchröden und Herleshausen, kamen Prahme zum Einsatz, bis schließlich Ende des neunzehnten Jahrhunderts eine Brücke zwischen beiden Orten errichtet wurde.

Weil ich im Sommer eine herrliche Kanufahrt von Sallmannshausen nach Neuenhof genossen und jede einzelne Schlaufe des Mäanderbandes durchfahren habe, mogele ich beim Wandern von Lauchröden in Richtung Göringen etwas. Ich kürze einige Bögen ab und erreiche auf diese Weise schon bald die Bootsanlegestelle unterhalb der Brandenburg. Hoch über mir erhebt sich die malerische Burganlage mit ihren drei Türmen und den Ruinen von Bauten aus mehreren Jahrhunderten. Siebenundzwanzig Jahre lang lag die Burg unzugänglich im Sperrbezirk der DDR-Grenzanlagen. Als sich die Grenzen öffneten, stand der neu gegründete Brandenburgverein zur Stelle, um die jahrzehntelang sich selbst überlassene Ruine vor einem weiteren Verfall zu bewahren und die im Umfeld entstandenen Biotope zu schützen. Der engagierte Verein widmet sich seither der Erforschung der Burggeschichte, richtete ein Museum ein und veranstaltet Burgfeste und Ritterturniere, die Besucher und Teilnehmer aus ganz Europa an die Werra locken. Als die Vereinsleute bei ihren Forschungen auf die Geschichte der Werraschifffahrt bei Lauchröden stießen, entstand die Idee, einen mittelalterlichen Prahm so originalgetreu wie möglich nachzubauen. Gemeinsam mit einem versierten Tischler und einer Schülergruppe errichteten sie das Flussschiff in mehr als fünfhundert Stunden Handarbeit. Das war 2012. In der darauffolgenden Zeit kam der Prahm mehrfach zum Einsatz und schaffte es sogar ins Fernsehen.
Ich habe erfahren, dass das Gefährt unterdessen unweit der Auffahrt zur Brandenburg deponiert ist und unternehme einen Abstecher dorthin. Tatsächlich: Zu Füßen einer herbstbunten Hecke liegt es. Verwittert, mit Moos und Flechten überzogen, als ob es aus den alten Zeiten der Werraschifffahrt überdauert hätte. Immer noch eine beeindruckende Handwerksarbeit, mit gewachsenen Ästen als Spanten, die die seitlichen Bordwände verstärken. Bis zu einer Tonne Ladung konnte der fast zehn Meter lange Prahm aufnehmen.

Flusssperrwerk bei Göringen

Schloss Neuenhof

Seit dem frühen Mittelalter ist belegt, dass Schiffe auf der Werra, vor allem flussabwärts zur Weser und zur Nordsee hin, eine Vielzahl von Gütern transportierten. Mihla war im fünfzehnten und sechzehnten Jahrhundert einer der wichtigsten Umschlagplätze des thüringischen Handels mit Waid – jener stattlichen Pflanze, aus deren Blättern das kostbare, tiefe Blau zum Färben von Stoffen gewonnen wurde. Handelsleute verschifften Gewürze, Kolonialwaren, Getreide und andere Nahrungsmittel bis zum Ende des neunzehnten Jahrhunderts in Massenfracht vor allem am Unterlauf der Werra. Um den Fluss in einem für die Schifffahrt nutzbaren Bett zu halten, wurden seit dem Mittelalter die Ufer mit Steinaufschüttungen und Holzbuhnen befestigt, an zahlreichen Stellen wurde die Werra damals schon eingetieft und begradigt. Mit der Industrialisierung und dem Bau der Werratal-Eisenbahn zwischen Eschwege und Eisenach im neunzehnten Jahrhundert endete die Zeit der Binnenschiffe auf der Werra. Länger überlebte das traditionsreiche Flößerhandwerk. Das kleine Wernshausen, nur wenige Kilometer südlich vom Startpunkt meiner Wanderungen an der Werra gelegen, war über vierhundert Jahre ein bedeutendes Flößerdorf. Ohne einen einzigen Nagel zu verwenden, wurden dort stattliche, rund zwanzig Meter lange Flöße gebunden und alljährlich zu Hunderten, bestückt mit weiterem Holz und Waren, flussabwärts getriftet.
Harte Arbeit war der Flößerberuf, der die Männer oft bis auf die Haut durchnässte und früh altern ließ. Die Fahrt dauerte mehrere Tage, an denen die Flößer bei jeder Witterung, bei Hitze, Regen und Frost auf dem Floß arbeiteten, schliefen und auf einer Feuerstelle ihr Essen kochten. Nicht selten geschah es, dass ein Floß festhing, sich verschob oder gar zerriss. Dann blieb nichts anderes übrig, als ins Flusswasser zu steigen und zu retten, was zu retten war. Geflößt wurde von Wernshausen über die Werra bis Hannoversch Münden. Von dort reisten das Holz und die Waren weiter die Weser hinunter bis nach Bremen und Hamburg und übers Meer nach England, Holland oder sogar Ostasien. Die Werraflößer aber kehrten auf Abkürzungswegen in zwei Tagesmärschen zu Fuß nach Wernshausen zurück.

Mit einem leisen Bedauern verlasse ich den Prahm, den die Natur sich Spante um Spante, Planke um Planke langsam einverleibt und vergehen lässt. Zugleich hat diese Verwandlung auch etwas Hoffnungsvolles. Die grüne Wildnis lässt alles Menschengemachte schließlich verschwinden. Ihr unaufhörliches Wachsen drängt zarte Stängel selbst durch versiegelte Flächen, durch harten schwarzen Asphalt und grauen Beton.

Am Werraufer entdecke ich einen Wiesenstorchschnabel, der den Nachtfrösten getrotzt hat und mit großen violetten Blüten, ganz wie im Sommer, blüht. Auch im November sind Farben am Flussufer zu finden. Die Blätter der Brombeerranken prunken an der Uferböschung in allen Schattierungen von Purpur, Flieder und Altrosa. Standhaft recken Taubnesseln ihre letzten violetten Blütenstände in die wärmende Sonne. Etwas weiter flussabwärts führt eine himmelblaue Brücke über die Werra. Hier kreuzte der Grenzverlauf den Fluss. Die heutige Fußgängerbrücke war einst ein Flusssperrwerk, das mit absenkbaren Metallgittertoren die Werra bis auf den Grund abriegelte. Es wurde ständig von DDR-Grenzsoldaten bewacht und in der Nacht taghell beleuchtet. Die Gitter klirren laut, als ich über die Brücke gehe und die Uferseite wechsle. Von der blauen Brücke an begleitet ein betonierter Damm aus dunklen Basaltsteinen den Flusslauf. Vorbei an Göringen folge ich ihm bis zur Werrabrücke von Wartha. Das kleine Dorf Wartha mit seiner uralten winzigen Fachwerkkirche und den hübschen denkmalgeschützten Höfen ist seit einigen Jahren von einem Ringdeich vor den Fluten der Werra geschützt, sodass der Fluss am dorfseitigen Ufer von einer halbhohen Mauer gesäumt ist. Erst in Neuenhof kehre ich ans Wasser zurück und erreiche einen der seltenen Landschaftsparks an der Werra. Schloss Neuenhof wacht mit spitzdachgekrönten Türmen über den Fluss. Hohe, efeubewachsene Bäume stehen am Ufer Spalier, dicke Efeuranken hängen von ihren Ästen bis hinunter ins Wasser, wo sie mit den Algenteppichen in der Strömung treiben.

Hinter Neuenhof schlängelt sich die Werra durch Wiesen und Äcker hinüber nach Hörschel. Das kleine Dorf duckt sich unter der gigantischen Werratalbrücke, auf der unablässig der Autobahnverkehr rollt. Hier nimmt der Rennsteig, der älteste deutsche Wanderweg, seinen Anfang. Es ist Brauch, dass ein jeder, der den bekannten Höhenweg erwandern will, einen glückbringenden Flusskiesel der Werra mit auf den Weg nehmen und ihn am Ende der rund einhundertsiebzig Kilometer langen Tour in die Saale werfen soll. Ich aber folge der Werra, unter der Talbrücke hindurch, weiter nach Spichra.

Der Abend senkt sich auf den Fluss nieder. Feuchte Kälte steigt vom Wasser herauf und lässt die Kleider klamm werden. Im Röhricht flüstern die Gräser raschelnd im Abendwind. Ein Stockentenmännchen ratscht, aus dem Wald ruft das Käuzchen. Ein Silberreiher watet wie ein Licht im dunkelnden Wiesengrund. Ich sitze für einige letzte Augenblicke noch am Ufer. Der Fluss fließt wie die Zeit. Alles was ich tue, ist ein Lidschlag in seinem Dasein. Die Werra strömt unterm wechselnden Licht und kümmert sich nicht um menschliche Belange. Sie durchquerte lange vor mir dieses Tal und wird noch immer fließen, wenn ich und alle, die nach mir kommen, längst vergessen sind. Vergessen wie die Schiffe und wie die letzten Flöße, die sich vor über achtzig Jahren am Vorabend des Zweiten Weltkrieges auf den Weg die Werra hinunter begaben.

Von der Wildnis

Re·na·tu·rie·rung

/Renaturiérung/

Substantiv, feminin [die]

1. Umgestaltung von Landschaften oder ihrer einzelnen Elemente mit dem Ziel, in negativ beeinträchtigten oder zerstörten Lebensräumen wieder naturnähere Zustände zu erreichen

2. Biochemie: Wiederherstellung des ursprünglichen Zustands

Herbstnebel über der Werra

Schwanennest im Toten Arm des Flusses bei Spichra

An einem ungemütlich grauen Novembertag setze ich meine Wanderung fort. Der Herbstwind fegt rauschend durch das Röhricht. Das stehende Wasser des Toten Arms der Werra, kurz vor Spichra, kräuselt sich und scheint zu strömen. Ein Reiher fliegt auf. Er hat mich wahrgenommen, bevor ich seiner überhaupt ansichtig wurde und ist auf und davon, ehe ich auch nur daran denken kann, die Kamera zu heben. Eine flaumige Feder, verloren im Aufflug, weht mir zu. Gewichtlos liegt der kostbare Fang in meiner Hand, die hellen, seidigen Daunen zittern noch im Luftzug.
Der alte Flussarm wirkt sehr still und verlassen, nur aus der Ferne trägt der Wind die Geräusche der Autobahn heran. Als ich im Frühjahr diesen Weg ging, war der tot genannte Arm des Flusses voller Leben. Blesshühner überquerten hupend die Wasserfläche. Schwalben jagten im wilden Flug darüber, zwei Schwäne bewachten ihr Nest im Schilf, Kröten quarrten und ein Kuckuck rief aus dem sumpfigen Auwäldchen. Dieser Altarm, dachte ich bei mir, ist der Fluss in seiner wahren Gestalt. Denn die Werra fließt bei Spichra nicht durch ihre angestammte Biegung – für den Bau des Wasserkraftwerkes erhielt der Fluss ein neues Bett, das nur noch über einen schmalen Wasserlauf mit dem verbliebenen Rest des ursprünglichen Flusses verbunden ist.

Hinter dem Wehr strömt die begradigte Werra in einer schmalen Wanne nach Creuzburg und hat sich tief in die Aue hineingegraben. Nur der unmittelbare Saum des Flusses, einige wenige Meter, gehört noch allein der Werra. Unwegsam, schilfbestanden, brennnesselüberwuchert. Ich klettere dennoch das steile Ufer hinunter zum Wasser. In den Büschen und Bäumen um mich türmt sich Genist, das die Hochwasser hinterließen. Hinter der Uferböschung, auf dem Radweg, krakeelen Kinder. Dort beginnt unmittelbar die gezähmte Welt der Äcker und Weiden.
Früher hatte ich geglaubt, die liebliche Natur meiner Heimat sei in größeren Teilen unberührt. Jede Landschaft ist über die Jahrtausende, über die Jahrhunderte gewachsen, Schicht um Schicht, und hat sich wieder und wieder gewandelt. Die schnellsten und heftigsten Verwandlungen fanden jedoch seit dem Beginn des Industriezeitalters statt. Die Landschaft, die wir traulich Heimat heißen, haben nicht länger die Kräfte der Natur geschaffen. Da ist kein Berg, keine Wiese, kein Wald, kein Fluss, den Menschen nicht zu ihrem Wohl und Nutzen umgestaltet hätten. Wir nennen all dies stolz Kulturlandschaft und wissen längst, dass wir mit unserem Eingreifen in die empfindliche Ökologie des Lebens ein verhängnisvolles Domino sterbender Insekten, Vögel und anderer Arten in Gang setzten.

Kurz vor Creuzburg biegt die Werra angesichts der nahenden Mittelgebirgszüge in einem beinahe rechten Winkel ab. Kurz hinter der Biegung, unweit des Flusses, stoße ich auf einen ziegelroten Brunnen, der unter einem hölzernen Dach inmitten einer Weidefläche steht. Schon im Mittelalter sprudelte an dieser Stelle eine Solequelle, die über Jahrhunderte mit wechselndem Glück zur Salzgewinnung genutzt wurde. Noch heute zeugen der Salzgraben – ein ehemaliger Flößholzwasserlauf – und das liebevoll sanierte Gutshaus der Saline Wilhelmsglücksbrunn von der einstigen Salzgewinnung.

Blick vom Karolinenbrunnen nach Creuzburg

Graugans und Höckerschwan im Toten Arm des Flusses

Die Sole aus der Karolinenquelle fließt unterdessen ungenutzt in die Werra. Über den Brunnenrand hinweg öffnet sich dem Blick eine liebliche Wiesenaue vor dem Panorama der Creuzburg mit kleinen Auwaldresten, üppigen Röhricht- und Riedflächen, Flutmulden und Bachläufen, zwischen denen schwarze Wasserbüffel weiden.
Ehe die Menschen begannen, die fruchtbaren Flussauen ihrem Ackerland einzuverleiben, beherrschte der vielfach verzweigte Fluss das Tal. Mit der Industrialisierung wuchs die zu ernährende Stadtbevölkerung, und so wurden in ganz Mitteleuropa spätestens im neunzehnten Jahrhundert die lebendigen Auen der Flüsse entwässert. Der Mensch, so glaubte man damals, müsse auch die letzten unberechenbaren Reste von Wildnis beseitigen und nutzbar machen. Bis ins neunzehnte Jahrhundert hinein lokalisierte man in der Wildnis der Wälder und Sümpfe die Heimstatt des Bösen – jenseits des vom Menschen kultivierten Bereichs in Dorf, Feldflur und Stadt. Sich jene letzten wilden Gebiete des Landes untertan zu machen, sie zu bebauen, zu nutzen und ihnen den Schrecken zu nehmen, war das Bestreben jener Jahrhunderte. Die einst gefürchtete Wildnis ist heute in Mitteleuropa beinahe vollständig verschwunden. Mit der Erkenntnis ihres Verlustes jedoch wandelte sich das Bild, und sie wurde im einundzwanzigste Jahrhundert als „Ort guter ursprünglicher Ordnung" plötzlich zu einer neuen Sehnsucht. Wildnis. Wie verlockend das klingt. Landschaften ohne Straßen und Stromleitungen, undurchdringliche Wälder, geheimnisvolle Sümpfe, erhabene Gebirgszüge und frei dahinströmende Flüsse. Abseits romantischer Vorstellungen hat man unterdessen auch erkannt, dass Wildnisgebiete ein unersetzliches Vermögen beherbergen. Trinkwasser, Sauerstoff, Pflanzenbestäubung – die letzten Jahre haben deutlicher denn je gemacht, dass wir auf die Vielfalt von Flora und Fauna angewiesen sind. Und so entsteht mit staatlicher Förderung und Regulierung allmählich wieder Wildnis in Deutschland. Auf ehemaligen Militärflächen, in Bergbaulandschaften, in den Kernzonen der Nationalparks und in den Auen der Flüsse. Auch an der Werra gibt es staatlich geförderte Projekte, die den Fluss aus seiner menschengemachten Rinne mit zu hoher Fließgeschwindigkeit entlassen, ihm Freiheit, neue Auwälder und naturnahe Auen zurückgeben.

Der idyllische Anblick rings um den Karolinenbrunnen ist das Ergebnis von mehr als einem Jahrzehnt intensiver Zusammenarbeit von Naturschützern, Landwirten, Landeigentümern, der Wasserwirtschaft und der Kommune. Am Anfang stand die Erkenntnis, dass die Flussaue ihre natürlichen Funktionen nicht länger erfüllen kann. Durch die Tiefenerosion des Flusses und die intensive landwirtschaftliche Nutzung bis direkt an die Uferböschung waren die auentypischen Lebensräume für Tiere und Pflanzen verloren gegangen, Bodenkrume von den Äckern gelangte stetig in den Fluss, und die Aue bot zudem bei Hochwasser keinen Rückhalt mehr. Um die Situation zu verbessern, sollte ein Naturschutzgebiet ausgewiesen werden. Doch die Eigentumsverhältnisse waren schwierig. Ein Flickenteppich schmaler Handtuchstreifen im Besitz von über zweihundert Eigentümern machte ein Flurneuordnungsverfahren notwendig. Es gilt heute als eines der erfolgreichsten in Thüringen. Die Zahl der Flurstücke wurde halbiert und entflochten. Neue Wirtschaftswege wurden geschaffen und verbessern die Erreichbarkeit der Flächen für die Landwirte, der Radweg wurde ausgebaut, ein Vogel-

In der neuen Kiesaue

Werraufer bei Frankenroda

beobachtungsstand errichtet und auf diese Weise das Areal rund um das Hotel und die Gastwirtschaft in der ehemaligen Saline aufgewertet. Am intensivsten aber profitierte die Flussaue. Die „Alte Madel" – ein jahrzehntelang verrohrter Bach – darf nun wieder natürlich in seinem Bett fließen und speist Teiche am Stiftsgut, die einst mit Unrat zugeschüttet, freigelegt wurden.
Das Auengelände entlang des Flussufers wurde neu modelliert – in den Vertiefungen steht das Wasser nun länger, wenn der Fluss über die Ufer tritt. Wasserbüffel, Galloway-Rinder, Schafe und Kaltblüter halten die Flächen offen. Die Werra selbst erhielt einen künstlichen Arm, der dem fließenden Wasser die Geschwindigkeit nimmt. Längs der Ufer entstehen auetypische Gehölzstreifen.
Renaturierungsprojekte benötigen neben viel Geld vor allem große Geduld und von allen Beteiligten die Fähigkeit, weit hinaus in die Zukunft zu sehen. Und es braucht Menschen, die eine Sehnsucht mitbringen, dazu das Vorstellungsvermögen und das Wissen, das nötig ist, solche Projekte auch praktisch umzusetzen.
Ines Andraczek ist so ein Mensch. Die Landschaftsplanerin aus Mihla hat mit ihrem Büro in den zurückliegenden Jahren zahlreiche Renaturierungsprojekte an der Werra verwirklicht, darunter auch die Neugestaltung der Werraue bei Wilhelmsglücksbrunn. Ich überspringe vorerst einige Flusskilometer und treffe mich mit ihr bei Probstei Zella. Hier, ein paar Kilometer weiter nördlich zwischen Frankenroda und Falken, hat sie im Auftrag der „Stiftung Naturschutz Thüringen" zwei weitere Teile der Flusslandschaft neugestaltet. Die Werra wurde in diesem Bereich schon vor vielen Jahrhunderten für Schiffe eingetieft und begradigt, ihre Ufer wurden mit Steinen befestigt. Auch hier gab es kaum noch eine Verbindung zwischen dem fließenden Gewässer und der umgebenden Aue. Fast zwanzig Jahre benötigte der Freistaat Thüringen, um das Renaturierungsprojekt zur Umsetzung zu bringen. Zähe Verhandlungen mit den Landeigentümern waren nötig, bis sich die rund vierzig Hektar große Fläche schließlich in staatlicher Hand befand und 2013 der erste Bauabschnitt beginnen konnte. Das Kastenprofil der Werra wurde abgegraben und die Verbindung zur Aue wiederhergestellt, ein Altarm des Flusses konnte freigelegt werden, und auf den Wiesen der Aue wurde Raum für Stillgewässer und Senken geschaffen. Der Flusslauf teilt sich nun in zwei Arme, gemächlich umfließt das Wasser mehrere baumbestandene Inseln. Friedlich grasen Rinder zwischen vielen kleinen Tümpeln auf der Auenwiese.
Ein Stück flussabwärts schließt sich der zweite Bauabschnitt an, der gerade erst vor wenigen Monaten fertiggestellt wurde. Die Aue – die ich von vielen früheren Ausflügen kenne – liegt nun gänzlich verändert vor mir im Morgennebel: Eine weite Kieslandschaft, die ein neuer Flussarm zwischen Inseln und Kiesbänken durchfließt. So ähnlich mag die Werra vor Tausenden Jahren durch die Kiesaue geflossen sein, bevor der angeschwemmte Lehm der Äcker den Kies überlagert hat. „Wir haben uns viele Gedanken gemacht, wie die Flusslandschaft hier ursprünglich ausgesehen haben könnte. Dann sind uns Senken in der Wiese aufgefallen, die haben wir weiter eingetieft und den Boden ringsum abgetragen. Als wir überall im Tal auf ein Kiesbett unter der Lehmschicht gestoßen sind, wussten wir, dass unsere Vermutungen richtig waren", erzählt Ines Andraczek begeistert. Die neue Kiesaue wird sich fortwährend verändern, so wie die Natur des Flusses Veränderung ist. Wasser ist ein Element, das

immerzu Überraschungen bereithält. Welchen Weg es mit welcher Kraft und Strömung nehmen wird, ob geschaffene Inseln wieder abgetragen oder neue Flussarme schließlich verlanden werden, versucht die Planerin mit ihrem Wissen und ihren Erfahrungen vorauszudenken.
Fürs Erste ist das Experiment Kiesaue ganz augenscheinlich geglückt. Ein Graureiher watet im Wasser und lässt uns zu meiner Verwunderung so nah herankommen, dass es mir diesmal tatsächlich gelingt, rechtzeitig die Kamera zu heben. Ines Andraczek berichtet von Jungfischen in hoher Zahl, die den neuen Flussarm bevölkern. Da überquert ein Biber schwimmend die Durchstichstelle zur Werra. Wenige Minuten später umschwirrt ein Eisvogel mehrmals die Fläche, bevor er sich kaum fünf Meter vor uns auf einem Ast niederlässt. Ich halte den Atem an und bin viel zu überrascht, als dass ich die Kamera zücken könnte.
Über der Flussaue hebt sich langsam der Nebel, und der Herbstwald beginnt im Sonnenlicht aufzuleuchten. Wir stehen, mit Lehmklumpen an den Stiefeln, in der neuen Kiesaue und schwärmen einträchtig von Flüssen. In nicht einmal einer halben Stunde sind mir an diesem Morgen Biber, Eisvogel und Graureiher begegnet. Das kommt mir wie Magie vor oder vielleicht wie ein Zeichen: Blicke ich in die letzten Jahrzehnte zurück, will mir scheinen, dass sich seit dem Beginn des digitalen Zeitalters das Verhältnis der menschlichen Gesellschaft zu den Flüssen wandelt, dass Menschen sich ihren Flüssen wieder stärker zuwenden. Mit künstlichen Maßnahmen werden naturnahe Bereiche geschaffen, wie sie ursprünglich in der Flusslandschaft vorhanden waren, aber mit dem Gewässerausbau verlorengingen. Dem Fluss wird zurückgegeben, was dem Fluss einst war: Seine Kiesaue, seine Feuchtwiesen, sein Wasserwald mit bemoosten, halbversunkenen Bäumen, seine wandernden Verzweigungen und Inseln. Welche natürliche Entwicklung die neue Flusslandschaft in den kommenden Jahren auch nehmen wird: Für die Tier- und Pflanzenwelt ist sie schon jetzt ein Segen.

Von der Eisenbahn

Mu·schel·kalk

/Múschelkalk/

Substantiv, maskulin [der]
Sedimentgestein mariner Herkunft (= im Meer gebildet), bestehend aus versteinerten Schalen von Muscheln, Armfüßern und Stachelhäutern

Blick von der Werrabrücke Creuzburg

Ebenau zu Füßen der Nordmannsteine

Viele sagen, dies sei der schönste Teil des Werralaufs. Die weiten Wiesenauen verengen sich, der Fluss tritt in die steilen Muschelkalkfelsen ein, deren vorspringende Steinkanzeln wie helle Köpfe in mehr als hundert Meter Höhe über dem Wasser aufragen. In eng geschwungenen Talmäandern windet sich die Werra hinter Creuzburg durch Kalksteinriffe, in die sich der Fluss über Tausende Jahre hin immer tiefer eingegraben hat. Pforte des wildromantischen Canyons ist die steinerne Werrabrücke mit der Liboriuskapelle. Über die Sandsteinbrüstung der Brücke folgt der Blick dem eilig dahinströmenden Fluss. Hoch oben auf den schroffen Klippen stehen trotzig und krumm vereinzelte Bäume, darüber segelt ein Milan im Aufwind, die Sonne taucht die Szenerie in goldenes Licht, und ich hole unwillkürlich tief Luft, weil diese Landschaft tatsächlich von einer überwältigenden Schönheit ist.

Es gibt zu beiden Seiten des Flusses herrliche Wanderwege. Den am rechten Ufer, der hinter der Liboriuskapelle durch den Wald führt, bin ich schon unzählige Male in meinem Leben entlanggegangen. Der Fluss hat an diesem Ufer mein Kind aufwachsen sehen. Im Kinderwagen habe ich es auf dem Weg geschoben, später sauste es mit dem Laufrad am hohen Ufer entlang, und schließlich wanderte es an meiner Seite durch das Tal. Ich wähle daher den anderen Uferweg. Dort, am Gleithang der Werra, ist das Tal grün und lieblich. Pferde grasen zwischen alten Streuobstbäumen, kleine Gärten säumen in einiger Entfernung zum Fluss die Ufer. Ich gehe gern an fremden Gärten entlang und werfe einen neugierigen Blick über die Zäune. Jeder Gärtner verwirklicht seine Vorstellung vom Paradies, und so unterschiedlich wie Menschen sind, so sind auch ihre Gärten. Jetzt, Ende November, ruhen die Beete, die meisten Gartenhäuser sind winterfest verschlossen und alle Blumen – bis auf die letzten standhaften Rosen – verblüht. Hinter den Kleingärten blitzt immer wieder die mittelalterliche Stadtmauer hervor. Creuzburg ist alt, eine der ältesten Städte in Thüringen. Vom Fluss aus ist das gut zu erkennen: Wie die verbliebenen Mauern sich hinauf zur Burg ziehen, daran geschmiegt alte Fachwerkhäuser und dazwischen Neubauten – ein wenig behäbig thront schließlich die Burg mit ihren roten Dächern über den Häusern des Städtchens. Schon im sechsten Jahrhundert sicherte ein fränkisches Königsgut auf dem Burgberg den Werraübergang, sechshundert Jahre später erbauten die Thüringer Landgrafen zum gleichen Zweck eine Festung, die bis zum heutigen Tag den Anblick von Creuzburg prägt.

Am Ortsausgang in Richtung Mihla beschreibt die Werra eine scharfe Rechtskurve, um wenig später nicht minder scharf nach links abzubiegen. An beiden Prallhängen säumen ehrfurchtgebietende Muschelkalkklippen – die Ebenauer Köpfe und die Nordmannsteine – den Lauf des Flusses. Ihnen zu Füßen liegt Ebenau. Eine Handvoll uralter Fachwerkhöfe, erbaut auf trutzigem Steinsockeln, die den Hochwassern der Jahrhunderte standgehalten haben. Einladend geöffnet sind die hölzernen Fensterläden, der Geruch von Holzfeuer liegt in der Luft, Hühner gackern in den Gärten – der Gang durch die Kleinsiedlung ist wie eine Reise in die Vergangenheit, die von den Dorfbewohnern mit liebevoller Sorgfalt hinüber ins Heute gerettet wird. Die Novembersonne lässt die hohen Felsen über dem Gehöft aufleuchten, und nahezu filmreif erscheint am Azurhimmel, unmittelbar über dem höchsten Felskopf, das charakteristische V der Spitze eines Kranichzuges. Hunderte Vögel folgen in wechselnden

Die Werra, verborgen im Nebelmeer unter den Ebenauer Köpfen

Blick von den Ebenauer Köpfen nach Creuzburg

Zeichen und Formationen. Die Luft ist für magische Minuten erfüllt vom Rufen der Kraniche. Als der letzte Vogel am Horizont verschwindet, verlasse ich Ebenau. Unweit des kleinen Weilers treffe ich auf den baumbestandenen alten Bahndamm, auf dem mein Weg fortan entlang der Werra nach Mihla führt. Feuchtes Eichenlaub bedeckt den Boden, es duftet unter meinen Schritten erdig, herb und süßlich zugleich nach Herbst.
Es hatte Jahrzehnte gedauert, bis eine Eisenbahn durch das Werratal auch in Richtung Treffurt und von dort weiter bis ins hessische Schwebda fuhr. Viele Jahre schon verband in entgegengesetzter Richtung die Werrabahn Eisenach und Coburg – da zögerten noch immer unzählige Schwierigkeiten den Bau der nördlichen Strecke hinaus. Es gab drei Landesherren, die sich hinsichtlich der Streckenführung einigen mussten, Grundbesitzer, die den Bau der Bahn keineswegs begrüßten und ihre Ländereien nicht hergeben wollten, Gemeinden, die um einen Bahnhof kämpften oder um neue Brücken und nicht zuletzt der anspruchsvolle Bau der Strecke durch den gebirgigen Durchbruch der Werra. Hunderte Arbeiter, darunter auch viele Italiener, Kroaten und Österreicher, errichteten die aufwendigen Bahndämme, erbauten fünf große und mehrere kleine Brücken und die neuen Bahnhofsgebäude jener Ortschaften, in denen der Zug anhalten sollte.

1902 konnte die Eisenbahnverbindung zwischen Treffurt und Schwebda eröffnet werden, fünf Jahre später war es schließlich soweit, und unter dem großen Jubel Hunderter Menschen an allen Haltebahnhöfen wurde auch der Streckenabschnitt zwischen Wartha und Treffurt eingeweiht. Für achtunddreißig Jahre verband die Eisenbahnlinie die Dörfer, Weiler und Städtchen entlang des Flusses. Nicht weit von Ebenau entfernt überquerte die Bahn die Werra. Noch heute umwirbelt der Fluss die alten Steinpfeiler, die unterdessen eine stählerne Radwegbrücke tragen. Von der Höhe des Brückenbogens blicke ich zurück nach Ebenau. Die Dächer leuchten in der Nachmittagssonne. Winzig wirken die Häuser vor der aufragenden Fassade der Muschelkalkfelsen. Unweit der Brücke enden deren charakteristische Felsvorsprünge abrupt, der Stein ist zu einer senkrechten Felswand abgetragen. Diese Arbeit hat nicht der Fluss verrichtet. Stück für Stück haben Menschen Kalksteine von den jahrtausendealten Riffen abgesprengt und herausgebrochen. Sie wurden zum Bauen verwendet und zum Kalkbrennen bei der Herstellung von Soda. Die Kalilagerstätten in der Flur zwischen Creuzburg und Mihla lieferten das notwendige Salz für das vielseitig einsetzbare Natriumcarbonat, auch Soda genannt. Im alten Ägypten wurde natürlich vorkommendes Soda zur Mumifizierung der Toten verwendet, im mittelalterlichen Europa zur Herstellung von Glas und Seife – heute kommt die chemisch produzierte Variante in fast allen Industriezweigen zum Einsatz.
Es war die Eisenbahn durchs Werratal, die den wirtschaftlichen Erfolg des Sodawerkes beförderte. Mehrere hundert Arbeiter aus dem Umland pendelten täglich mit der Bahn zur Arbeitsstätte und zurück. Braunkohle zum Befeuern der Brennöfen wurde auf dem Schienenweg ins Werk verfrachtet und das erzeugte Soda schließlich mit Güterwagen abtransportiert. Diese Abhängigkeit von der Bahn verhinderte die Sprengung der Ebenauer Brücke, als der Krieg das Werratal erreichte. Wehrmachtsoldaten hatten den Befehl, alle Werrabrücken zu sprengen, um die vorrückenden amerikanischen Soldaten entlang des Flusses aufzuhalten. Mitarbeiter der Sodawerke aber verhandelten mit den Offizieren und konnten die Zerstörung der für das Werk überlebenswichtigen Brücke verhindern.

Herbstmorgen am Fluss

Fußgängerbrücke Buchenau

Wo früher die Hallen, Schornsteine und Pumpen des Sodawerkes standen, nimmt heute ein Gewerbepark das schmale Tal bei Buchenau ein. Kleingärten säumen, dicht an dicht, in Reihe das Flussufer. Unmittelbar vor den Gartentoren, nur durch eine schmale Straße getrennt, werfen die großen, dunkelgrauen Gebäudequader eines Klebetechnikwerks Schatten auf die Gärten. Die Luft riecht nach Paketklebeband, nicht stark, aber wahrnehmbar. Dann enden die Gärten, und ich komme für eine kurze Strecke hinunter zum Fluss. Seine Ufer haben ihre grüne Üppigkeit verloren und all die satten, leuchtenden Farben. Es blieben braune, graue und moosige Töne zurück. Hellbraun und aufrecht stehen die Stachelkugeln der Ackerdisteln und Karden. Rostfarben sind auch die letzten Pfaffenhütchen verglüht. Die schwarz gewordenen Stängel der Astern rascheln bei jedem Luftzug, nur ihre hellen Samenstände blitzen wie kleine Sterne aus dem dunklen Gemisch der Farben hervor.

Am Ende des Gewerbegebietes schiebt sich eine Ackerfläche neben den Fluss, dunkel glänzen die umgebrochenen Schollen, der Weg biegt ab, und ich treffe wieder auf den ehemaligen Bahndamm. Das Ufer wird steiler und steiler, bis der Hang schließlich unmittelbar neben dem Weg nahezu senkrecht gute zehn Meter hinunter zum Wasser abfällt. Auf der anderen Wegseite zieht sich der Berghang des Lienig nahezu ebenso steil aufwärts. Über den kahlen Buchen kreisen laut krächzend Rabenvögel. Aus dem Unterholz ragen allenthalben alte Eisenbahnschwellen, dick mit Moos überzogen. Vermutlich wären sie mir im Dämmerlicht gar nicht aufgefallen, hätte eine ältere Dame, die mir unterwegs begegnet, nicht davon erzählt. Jeden Abend füttert sie unweit des Bahndamms einige streunende Katzen und geht ein paar gemächliche Schritte dort entlang, wo früher nur die Züge fuhren. Dass heute keine Eisenbahn mehr durch das Tal rattert, liegt auch an dieser steilen engen Strecke. Schon beim Bau verzögerten Hochwasser und die damit einhergehende Instabilität des Dammes den Fortgang der Arbeiten. In den folgenden Jahren kam es entlang des Lienig oft zu Hangrutschen, sodass die Züge nur im Schritttempo fahren konnten und immer wieder Reparaturen anstanden. 1968 rumpelte schließlich nach der Stilllegung des Sodawerkes der letzte Güterzug über die Schienen. Sechs Jahre zuvor schon war der Personenverkehr eingestellt worden. Bald darauf begann der Rückbau der Gleisanlagen. Etwas mehr als zehn Jahre später wurde schließlich mit Unterstützung der sowjetischen Armee auch die letzte Eisenbahnbrücke bei Ebenau gesprengt.

Die Sonne ist verschwunden, es ist merklich kühler geworden, und dunkle Abendwolken ballen sich am Himmel. Auf der anderen Seite des Flusses liegt der kleine Weiler Freitagszella. Hohe Pappeln säumen dort das Ufer. Im kahlen Geäst sitzen Misteln über Misteln, als hätte ein übermütiger Maler Tinte in zahllosen Flecken über seine filigrane Zeichnung getupft. Als der Bahndamm schließlich endet, öffnet sich rechterhand eine liebliche Landschaft mit vielen kleinen Hügeln, geradeaus gehen in den ersten Häusern von Mihla die Lichter an. An der Weggabelung sitzen tatsächlich drei Katzen und fressen. Ihre Wohltäterin hat zwei gut gefüllte Näpfe aufgestellt und einen kleinen Teppich als Sitzgelegenheit davorgelegt. Ein kleines Geschwader von Gänsen zerschneidet in Pfeilformation und mit sirrendem Flügelschlag die heraufziehende Dunkelheit. Bejahrte Obstbäume stehen wie schwarze

Teiche unweit des Sandguts Mihla

Blick vom alten Fährhaus zur St.-Martins-Kirche und zum Grauen Schloss

Scherenschnitte vor dem Himmel. Begleitet vom Abendstern geht groß und orange leuchtend eine schmale Mondsichel über den Wipfeln des Waldsaumes auf. Vollkommen lautlos strömt der Fluss durch die Dämmerung, das letzte Abendlicht in seinen Wassern spiegelnd.

Die hohen Erlen am Werraufer rauschen mir ein Willkommen entgegen, als ich zwei Wochen später meine Wanderung fortsetze. Die Tage sind so kurz geworden, dass ich mittags starten muss, was nur selten gelingt. Ich habe es aufgegeben, auf sonniges Wetter warten zu wollen. Der Himmel ist seit Tagen grau verhangen. Erde und Luft sind derart gesättigt von Feuchtigkeit, dass nicht länger auszumachen ist, wo der aufsteigende Dunst endet und die tiefhängenden Wolken beginnen.
Drei große steinerne Pfeiler kennzeichnen noch heute die Stelle, an der die Eisenbahn bei Mihla die Werra ein weiteres Mal überquerte. Gras wächst nun auf den Postamenten, die seit Jahrzehnten keine Brücke mehr tragen. Treibholz sammelt sich zu ihren Füßen. Wasservögel halten auf ihnen Rast. Ich habe die neuzeitliche Werrabrücke passiert, wandere vorbei am Mihlaer Wasserkraftwerk und am alten verfallenden Fährhaus. Auf der gegenüberliegenden Seite des Flusses verstecken sich die drei spitzen Giebel des Grauen Schlosses hinter kahlen Bäumen. Einst verband eine Flussfähre das Wasserschloss in Mihla mit dem Sandgut – einem jahrhundertealten Gutshof – am diesseitigen Ufer. Noch früher lag an dieser Stelle das längst vergessene Dorf Münsterkirchen. Unweit des Sandgutes säumt eine kleine, romantisch anmutende Seenlandschaft mit hügeligen baum- und schilfbestandenen Inseln den Flusslauf. Ein schmaler Pfad führt rings um alle Seen und Teiche, die sich dem schon lange zurückliegenden Abbau von Werrakies verdanken. Kleine grüne Buchten – wie geschaffen für geduldige Angler oder ein abendliches Stelldichein von Liebenden – eröffnen den Blick auf das Wasser. Der Pfad entlang der Seen ist jedoch ein Rundgang, und der Feldweg, auf den ich in Richtung Flussufer abbiege, endet kaum hundert Meter weiter im Gestrüpp. Der Fußmarsch entlang des weglosen, dornenbewehrten Flussufers gerät zur Mühsal. Erst für den letzten Kilometer nach Ebenshausen finde ich für meine müden Füße den leichter zu laufenden Werratalradweg.

In Ebenshausen angekommen, sitze ich für einige Augenblicke auf einer Bank am Ufer und trinke einen Becher Tee. Die Füße summen vom langen Gehen, der Fluss aber geht weiter, trägt seine Wasser meinen Schritten voraus. Der kleine Spielplatz an der Radwegbrücke ist leer, und vor den hübschen Fachwerkhäusern, die aufgereiht am Ufer stehen, ist niemand zu sehen. In den Fenstern leuchten die Lichterbögen. Ein friedlicher Dezembernachmittag, an dem das lauteste Geräusch der gleichmütige Gesang der fließenden Werra ist. Sie singt ein Lied vom Gehen und vom Verweilen. Von Sanden und rollenden Kieseln, die sie treibt und dann ruhen lässt, um sie später mit einer Woge neuen Wassers weiterzuschieben. Diesen friedlich plätschernden, glucksenden, rauschenden, stetig strömenden Klang des Flusses, der unter der Brücke an Fahrt gewonnen hat, möchte ich am liebsten aufnehmen und mit ins Buch pressen, sodass er beim Umblättern der Seiten erklingt.
Hinter der Brücke ist der Weg nach Frankenroda wieder deutlich als ehemaliger Bahndamm erkennbar. Unweit des Flusses schlängelt sich die Trasse durch das Tal. Die Landschaft liegt im diesigen

Zwielicht des späten Nachmittages. Das Abendlied des Zaunkönigs schallt trillernd und jubilierend durch das Dämmergrau. Am Fuß des Dammes entdecke ich zwei kurze Schienenstücke mit einbetonierten Enden im Laub. Etwas wehmütig denke ich, wie gern ich eine Fahrt mit der Eisenbahn entlang der Werra erlebt hätte. Mit Muße aus dem Fenster in diese herrliche vorbeiziehende Landschaft zu schauen, muss wunderbar gewesen sein.
Als ich in Frankenroda ankomme, ist es beinahe dunkel. Am Flussufer beleuchten große alte Laternen die nassglänzende Uferpromenade, die entlang alter Fachwerkhäuser, Höfe und Gärten führt. Als ich vorübergehe, schlägt ein Hofhund an. Das Bellen schallt laut über das Wasser und das weihnachtlich beleuchtete Dorf. Es ist die Zeit, in der die Dörfer und Städtchen an der Werra für die lange, dunkle Spanne der Nacht lichterheilig geworden sind. Die Zeit, in der die Kerzen der Hoffnung entzündet werden – gegen die Kälte und die Dunkelheit. Wie liebevoll manche Häuser dekoriert sind. Ich entdecke an einem Hoftor auf einem alten Ziehbrunnen eine detailverliebte Krippenszene mit Engel, Ochs und Esel, den heiligen Königen, Maria, Josef und dem Jesuskind. Da und dort stehen schon geschmückte Tannenbäume in den Stuben. Mir wird ganz warm ums Herz und weihnachtlich zumute, als ich durch die stillen Gassen gehe.

Vom Hochwasser

Aue

/Aúe/

Substantiv, feminin [die]
1. von wechselnden Wasserständen geprägte Niederung an Bächen und Flüssen, wozu auch das Gewässer selbst zählt
2. eine fruchtbare Gegend, ein gutes Weideland

Hochwasser bei Bad Salzungen

Frostmorgen am Fluss bei Probstei Zella

Das Wasser kam mit einer ungeheuren Geschwindigkeit. Der Gewitterguss war mit fünfzig Liter auf dem Quadratmeter über dem Dorf niedergegangen. Aus den Wäldern, von den Berghängen herab, stürzte es zu Tal. Feldwege verwandelten sich in Wasserfälle, fluteten hinterrücks die Gärten. Die lieblichen Bäche, die längs der Dorfstraßen plätscherten, schwollen binnen Minuten zu reißenden Flüssen. Fast meterhoch schoss das Wasser durch die Straßen, riss Autos, Gartenmöbel und jegliche Dinge mit, die dem rasenden Lauf des Wassers durch das Tal, an dessen Hänge sich das Dorf schmiegte, im Weg standen. Keller, Garagen und Erdgeschosse füllten sich mit schlammigem Wasser, Vorgärten versanken in der Flut. Fassungslos standen die Dorfbewohner an den Fenstern oder auf den höhergelegenen Straßen und sahen zu, wie ihr Hab und Gut davontrieb. Für Stunden war das Dorf von der Außenwelt abgeschnitten. Als die Pegelstände sanken, zeigte sich ein Bild der Verwüstung. Modriger Schlammgeruch erfüllte die Luft, schockstarr lag das Dorf unter einer feuchten Glocke aus nebligem Dunst, und noch immer tosten die angeschwollenen Bäche. Mosbach, das Dorf, in dem ich lebte, als im Sommer 2021 dieses Buch entstand, war einer der ersten Orte, die damals von einer Sturzflut heimgesucht wurden. Niemand konnte an jenem Wochenende ahnen, dass dies erst der Auftakt zu weit zerstörerischeren Wassermassen war, die unsere sicheren und gepflegten deutschen Dörfer und Kleinstädte heimsuchen sollten – mit mehr als einhundertachtzig Toten, fortgerissenen Häusern und unermesslichem Leid. Die Flutkatastrophe in Rheinland-Pfalz, die in die vermeintliche zivilisatorische Sicherheit unseres Lebens in der gemäßigten Klimazone hereinbrach, lehrte eine neue Demut vor der Macht des Wassers. Sie beförderte zugleich auch in der Breite der Bevölkerung einen neuen Blick auf die Flüsse und Bäche. Schon in den ersten Tagen nach dem Unglück dominierten neben den schrecklichen Bildern und Berichten aus den Krisengebieten zwei Themen die Medien: Zum einen der Klimawandel und die Erkenntnis, dass Starkregenereignisse und Sturzfluten künftig häufiger vorkommen werden[3] und zum anderen die verbaute und beengte Situation, in der sich die meisten unserer Flüsse und Bäche befinden.

Als ich kurz vor dem Heiligen Abend meine Wanderung auf der schmalen Uferstraße entlang der Werra in Frankenroda fortsetze, strömt das Wasser friedlich im Flussbett. Ich gehe diesen Weg immer sehr gern. Ich war als Kind schon hier gewesen, zu Geburtstagsfeiern und zum Eis-Essen im „Café Gisela“. Die Uferpromenade hat sich seither wenig verändert. Das Café ist noch immer da, ebenso die großen Glas-Laternen, die das Flussufer säumen. Das Thermometer zeigt zehn Grad minus an. Frost und Nebel haben das Land in ein weißes, reifüberzogenes Wintermärchen verwandelt. Kein Wind regt sich. Aus den Schornsteinen steigt der Rauch in den Morgenhimmel.
In einem der Bauerngärten steht ein hohes Taubenhaus, das mich an das Märchen vom Aschenbrödel denken lässt. Unweit davon, an einem dunkelgrünen Gartenzaun, sind die Hochwasserpegel der vergangenen Jahrzehnte vermerkt. Die oberste Markierung befindet sich an einer Tafel über dem Zaun, über meinem Kopf. So hoch stand das Wasser im Februar 1909 in Frankenroda. Es hatte damals eine große Kälte und viel Schnee gegeben. Das Eis auf der Werra war fast einen halben Meter dick. Da schlug das Wetter um, die Temperatur stieg an, es begann heftig zu regnen. Die Eisdecke wölbte sich

[3] Aktuellen Klimaprognosen zufolge werden langsam ziehende Starkregen-Tiefs in Europa bis Ende des Jahrhunderts um das Vierzehnfache zunehmen (Quelle: Newcastle University, Science Media Centre). Ursache sind die steigenden Durchschnittstemperaturen. Weil warme Luft sehr viel mehr Wasser aufnehmen kann, werden die Niederschlagsmengen größer. Zudem beeinflusst der Klimawandel auch die atmosphärische Zirkulation. Der Jetstream ist langsamer geworden, Regengebiete ziehen nicht mehr so schnell weiter, und auf regional begrenzten Flächen können in der Folge extreme Niederschläge fallen.

Die Pfeiler der alten Eisenbahnbrücke bei Frankenroda

Bereiftes Ahornblatt im Sonnenaufgangslicht

vom Wasserdruck und brach, die Kirchenglocken schlugen Alarm, und eine mächtige Flutwelle kam mit großer Geschwindigkeit über die Ortschaften an den Ufern der Werra. Über sieben Meter stieg das Wasser an manchen Stellen. Die gewaltigen Fluten verwandelten das Werratal in einen riesigen lang gestreckten See. Verkehrswege waren unterbrochen und unzählige flussnahe Gebäude unbewohnbar. Spätere Hochwasser der Werra erreichten in Frankenroda nicht noch einmal derart hohe Pegelstände. Dennoch machen die über Jahre angebrachten Markierungen deutlich, dass die Gärten, Häuser und Höfe entlang des Flusses immer wieder von den Wassern heimgesucht werden.
Hochwasserereignisse sind in den Dörfern und Städten an der Werra Teil jeder Dorfchronik und jeder Stadtgeschichte. Wer am Fluss lebt, muss seit jeher mit Hochwasser rechnen, denn in jedem Jahr sorgen ergiebige Niederschläge oder auch die Schneeschmelze dafür, dass er sein angestammtes Bett verlässt und über die Ufer in die Auen und Niederungen tritt. Nur so konnte in den Flusstälern das diverseste und komplexeste Ökosystem der Erde entstehen. Es lebte vom Wechsel aus hoch- und niedrigstehendem Wasser. Mehr als die Hälfte der Flussauen in Deutschland sind durch Flussbegradigungen, Deichbau und intensive Nutzung der Flächen inzwischen stark verändert. Zwei Drittel stehen bei Hochwasser nicht mehr als Überschwemmungsflächen zur Verfügung. Feuchtgebiete wurden entwässert, Ackerböden und Weiden durch die Bewirtschaftung verdichtet und unzählige Flächen durch Bebauung bis an die Ufer der Fließgewässer versiegelt. Wo aber Regenwasser nicht mehr im Boden versickern kann, lässt es Bäche und Flüsse anschwellen. In einem lebendigen Flusstal nehmen in den breiten Auen Feuchtwiesen und Moore einen Großteil des überschüssigen Wassers auf, Sumpfwälder bremsen den Wasserablauf und verzögern damit Hochwasserspitzen. Wo landwirtschaftliche Flächen als Grünland oder ohne Pflug bewirtschaftet werden, helfen auch Millionen von Regenwürmern, Wasser zurückzuhalten: Durch ihre Gänge können sich die Flächen wie ein Schwamm vollsaugen. Hochwasser gehört zum Wesen eines Flusses. Die Werra daran zu hindern, über die Ufer zu treten, indem man sie ausbaggert oder eindeicht und von den Auen abschneidet, ist, als nähme man den Fluss in Gefangenschaft. Die Flutkatastrophen der letzten Jahre haben gezeigt, dass eingeengte Gewässer mit direkt daran anliegenden Deichen der falsche Weg sind, um einen nachhaltigen Hochwasserschutz zu gewährleisten. Den Flüssen wieder mehr Raum zu geben, beispielsweise durch Maßnahmen zur Renaturierung der Auen oder die Rückverlegung der Deiche, ist ein zentrales Anliegen des aktuellen Thüringer Landesprogramms Hochwasserschutz.
Ich kehre gedanklich wieder an die Uferpromenade in Frankenroda zurück. Unterdessen habe ich die Brücke erreicht. Bis zu ihrem Bau 1976 hatte ein hölzerner Steg den Ort mit den westlich der Werra gelegenen Teilen der Gemarkung und dem Nachbarort Scherbda verbunden. Schwer beladene Erntewagen, Holztransporte, Rinderherden und Fußgänger nutzten das hölzerne Bauwerk, um den Fluss zu passieren. Im Winter aber, wenn Hochwasser und Eisgang drohten, wurde der Steg abgebaut. Stattdessen fuhr ein Kahn als Fähre hin und her. Von der Brücke aus führen an beiden Flussufern Wege nach Falken. Weil es auch in Falken eine Brücke gibt, beginnt an dieser Stelle eine der schönsten Rundwanderungen entlang der Werra. Der Weg am westlichen Ufer ist breit und von großen

Wasserkraftwerk Falken

Am Flussufer kurz vor Treffurt

Bäumen überschattet. Er verläuft unmittelbar am Fluss. Das gefrorene, weißgesäumte Laub bricht raschelnd unter meinen Füßen. Gräser und Zweige sind von feinen Nadeln aus Reif überzogen. Da hebt sich der Nebel, die Sonne schickt erste Strahlen in das Flusstal und bringt die winterliche Pracht zum Funkeln. Raureif rieselt wie fallender Schnee von den Bäumen herab und trifft hörbar am gefrorenen Boden auf.

Kurz hinter dem Fachwerkdörfchen, die letzten Häuser sind noch in Sichtweite, entdecke ich die Arbeit eines Bibers. Der auch im Winter aktive Biber fällt die Weichhölzer, um an die schmackhaften Leckerbissen in der Krone zu gelangen: die dünnen Zweige und Knospen. Als ich ans Ufer trete, um nach einer Biberburg Ausschau zu halten, fliegt ein blauer Blitz auf. Wie ein leuchtender Edelstein überquert ein Eisvogel das Wasser und entschwindet meinem Blick. Kurze Zeit später treffe ich wieder auf den alten Bahndamm. Im Flusswasser erhebt sich ein verwitterter Steinpfeiler, der früher die Eisenbahnbrücke trug. Die Reste der gesprengten Brücken an der Werra berühren mich auf eine eigentümliche Weise. Sie haben etwas Fantastisches, beinahe Unwirkliches an sich, wie sie, ihrer eigentlichen Funktion beraubt, noch immer trotzig im Wasser stehen. Erinnerungen vergangener Mühsal und von vergangenem Glanz.

Gleich hinter der Bahnlinie beginnt das Renaturierungsgebiet, das ich einige Wochen zuvor mit Ines Andraczek besucht habe. Die wassergefüllten Mulden und Weiher haben sich in glänzende Eisflächen verwandelt, das dünne Eis der überfrorenen Pfützen in den Fahrspuren des Weges zerknackt prasselnd unter meinen Stiefeln. Am gegenüberliegenden Flussufer stehen Pferde auf den frostweißen Wiesen. Probstei Zella war einst ein Kloster und später Gutshof. Steil ragen die Falkener Klippen über dem heutigen Pferde- und Landgasthof an der Werra auf. Ich folge dem Verlauf der früheren Bahnstrecke. Streuobstwiesen säumen den Weg. Die alten Kirschbäume recken ihre kahlen, flechtenüberzogenen Äste in die Dezembersonne. Im Frühjahr blühen sie prächtig. Dann ist der Weg bis zum Falkener Wehr blütenweiß umrahmt von Obstbäumen auf der linken und dichten Schlehdornhecken am Flussufer auf der rechten Seite. Jetzt, im Winter, leuchten im Gegenlicht der Sonne die silbergrauen Samenstände der Waldrebe, deren Ranken Hecken und Bäume wie prächtige Schleier überziehen.

In Falken sind viele Straßen und Plätze von alten, liebevoll restaurierten Fachwerkhäusern gesäumt. Einzigartig ist der Falkener Dorfanger mit seinen knorrigen, großen Linden, unter denen zur Kirmes noch immer getanzt wird. Im Durchbruchstal der Werra, so scheint mir, ist in den Dörfern besonders viel Fachwerk erhalten geblieben. Und wenngleich Häuser in Fachwerkbauweise beinahe überall in Deutschland zu finden sind, verbinde ich die hellen Häuser mit ihren Sandsteinsockeln und dem dunklen Gefach insbesondere mit meiner Heimatregion. Mit ihren oft dazugehörenden Höfen, mit steingefassten Toren und alten Scheunen wecken sie in mir immer das Gefühl, sachte schützend meine Hände über sie halten zu müssen. Sie gehören so selbstverständlich zum Bild unserer Ortschaften und sind dennoch Zeugnisse einer beinahe ausgestorbenen Kunst, zu bauen. Jedes Jahr gehen in Deutschland Hunderte Fachwerkbauten verloren, die zu marode für eine Sanierung sind, die Bränden oder Hochwasserereignissen zum Opfer fallen.

Hochwasser ist in Falken immer wieder ein Thema. Vor allem die Bewohner der Bahnhofstraße beobachten allezeit wachsam den Fluss und seine Pegelstände. Der Damm der ehemaligen Eisenbahnlinie nebst den verbliebenen Resten einer Eisenbahnbrücke bildet an dieser Stelle einen Trichter, der das Wasser behindert, Richtung Treffurt in die Flussaue auszuströmen.

Es ist der erste sonnige Tag seit Wochen. Der Himmel überspannt lichtblau das Flusstal. Die Sonne aber steht selbst zur Mittagszeit niedrig, und dort, wo die hohen Ausläufer der Berge Schatten über das Tal werfen, liegen die Niederungen noch immer weiß und froststarr. Auf der anderen Uferseite hat die Sonne unterdessen allen Raureif verschwinden lassen. Es weht ein kalter Wind, der durch die Kleider dringt. Auf dem Acker unweit des Flussufers pflücken Krähen die hellgrüne Wintersaat von der Krume. Durch die Bäume blitzt Burg Normannstein von den Berghöhen über Treffurt auf.

Die Ufer der Werra sind mit Steinaufschüttungen, die wie Buhnen ins Meer in den Fluss ragen, gesichert. Der zuständige Wasserbaumeister des Schifffahrtsamtes in Hannoversch Münden, den ich dazu befrage, bringt für mich in Erfahrung, dass der Bau der Buhnen zwischen Falken und Treffurt schon in den 1890er Jahren erfolgte. Steinbuhnen, die von beiden Ufern in den Fluss ragen, verlagern durch entstehende Wirbelbewegungen des Wassers Sedimente von der Flussmitte an die Ufer. Dies schützt zum einen vor Erosion und vertieft zum anderen das Flussbett. Dieses Verfahren wird noch heute genutzt, um Fahrrinnen für die Schifffahrt zu erhalten. Da es im neunzehnten Jahrhundert keine Pläne gab, diesen Teil der Werra schiffbar zu machen, dienten und dienen die Buhnen der Uferbefestigung und verhindern, dass sich der Flusslauf verlagert. Ich klettere zum Wasser hinunter, setze mich für eine Weile auf die Steine des Befestigungsbaus und blicke flussabwärts. Die Sonne schickt sich an, hinter den Bergen zu verschwinden, es geht auf halb vier. Wenige Minuten später liegt das Flusstal im Schatten. Die Türme von Burg Normannstein leuchten noch einmal in den letzten Sonnenstrahlen auf, bevor auch sie grau im Dämmerlicht versinken.

Vom Wasser

Ma·te·rie

/Matérie/

Substantiv, feminin [die]

1. Sammelbezeichnung für alles, was Masse besitzt und Raum beansprucht. In der Antike unterschied man d e vier Elemente Wasser, Feuer, Erde und Luft, heute die Aggregatzustände fest, flüssig oder gasförmig

2. Nach der indogermanischen Wortwurzel „matér“ der „Mutterstoff“, aus dem alle Dinge hervorgehen

---

Januarmorgen bei Treffurt

In der Werraaue bei Treffurt

Am frühen Morgen, kurz vor Sonnenaufgang, liegt die Treffurter Werraaue in Nebel und Eis. Ich habe die Stadt der einstigen drei Werrafurten, denen Treffurt den Namen verdankt, mit ihrer stolzen Burg, den steilen Gässchen, ihrem immensen Schatz denkmalgeschützter Fachwerkhäuser hinter mir gelassen und bin auf dem ehemaligen Kolonnenweg der Grenzer unterwegs. Randvoll von den üppigen Niederschlägen der letzten Wochen strömt die Werra unmittelbar neben den Betonplatten, die den Weg pflastern. Wirbelnder Flussrauch steigt auf und verweht. Auf der gegenüberliegenden Seite des Weges liegt eine herrliche Wildnis. Frühere Kiesgruben und eine Altarmsenke waren über Jahrzehnte im militärischen Sperrgebiet unzugänglich. So konnte sich die Aue beinahe ungestört entwickeln. Schilfröhrichte und Riedgräser umstehen kleinere und größere Wasserflächen, Bruchweiden, Schwarzerlen und andere Gehölze bilden sumpfige Dickichte, in deren Senken sich brackiges Wasser sammelt. An diesem Januarmorgen liegt Raureif auf den Ufern des Flusses und alle stehenden Wasserflächen sind von einer Eishaut überzogen. Im Kiessee verharren zwei Höckerschwäne auf einer kleinen Stelle offenen Wassers. Die Köpfe einander zugewandt. So still und unbeweglich, als ob auch sie eingefroren wären. Im Geäst der Weide über mir klopft ein Buntspecht im Stakkato Beute aus dem Holz. Die Sonne gießt ihre ersten Strahlen über die Aue. Da hallt das laute Flügelschlagen des Schwans über den vereisten See. Er beginnt, auf der Wasserstelle zu schaukeln. Heftig klatscht sein Leib auf und nieder. Das Eis hebt an zu singen. Ein Geräusch, wie ich es nie zuvor vernommen habe. Es klirrt, knistert und sirrt. Das bebende Eis erfüllt die Morgenluft mit einem gläsernen Tönen, aber bricht nicht. Der Schwan ändert seine Taktik und wirft sich gegen die Eiskante des Wasserlochs. Heftiger reibt sich das Eis an den Ufern und hält noch immer stand. Die Schwäne müssen sich gedulden, auf die Wärme der Sonne warten und darauf, dass sie das Eis schmilzt.

Dass Seen, manchmal auch Bäche und Flüsse sich im Winter mit einer gefrorenen Haut überziehen, ist uns von Kind auf vertraut. Dennoch ist dies ein sehr eigentümliches Verhalten für eine Flüssigkeit. Wenn Materie gefriert, rücken ihre Moleküle für gewöhnlich enger zusammen. Die große Mehrheit der Stoffe auf der Erde ist im festen Zustand dichter als im flüssigen. Beim Wasser verhält es sich unter einer Temperatur von vier Grad anders: Es dehnt sich aus und wird weniger dicht. Darum schwimmt das Eis oben auf dem Wasser, anstatt zum Grund abzusinken. Diese Anomalie ist für das Leben von Tieren und Pflanzen im Wasser überlebenswichtig. Am Boden von Seen und Teichen, von Bächen und Flüssen bildet sich unter dem Eis eine wärmere Wasserschicht, die nicht gefriert und in der die Wasserbewohner den Winter überstehen. H_2O ist die wahrscheinlich einzige Formel, die jeder Mensch kennt. Zwei Wasserstoffatome verbinden sich mit einem Sauerstoffatom – es entsteht ein bananenförmiges Wassermolekül. Das klingt einfach. Dennoch ist Wasser auf einzigartige Weise merkwürdig und gibt den Forschern bis heute Rätsel auf. Seltsamerweise gefriert heißes Wasser schneller als kaltes. Den Grund dafür hat noch niemand schlüssig erklären können. Wasser hat die enorme Fähigkeit, andere Moleküle zu umschließen und ihnen dabei dennoch die Möglichkeit zu Bewegung und Entfaltung zu geben. Das ist nicht nur die Grundvoraussetzung für den Genuss von Tee oder Kakao, sondern für die Entstehung des Lebens überhaupt. Wenn Wasser gefriert, enthüllt es eine unvergleichliche Schönheit. Eiszapfen, die sich an Felsüberhängen und Dächern bilden. Raureif,

Eiswiesen an der Werra bei Bad Salzungen

Eisgebilde am Werraufer

der sich als zerbrechliche Nadeln überall festsetzt und dem Wind entgegenwächst. Eisblumen, die am Fenster erblühen. Und der Schnee. Jede Schneeflocke ist sechseckig und einzigartig. Es gibt keine, die exakt wie eine andere ist. Je feuchter und wärmer die Luft, desto zarter und verästelter wachsen die kleinen Sterne.
Ich hatte auf eine verschneite Werraaue gehofft, aber der Schnee reichte dieses Mal nicht bis hinunter in die Flusstäler. Noch viel seltener als Schnee kommt das Phänomen der Eiswiesen vor. Dies geschieht, wenn der Fluss nach einem Tauwetter oder starken Regenfällen über die Ufer tritt und dann unvermittelt ein mächtiger Frost einsetzt. Die überfluteten Wiesen gefrieren zu festen, endlosen, spiegelnden Eisflächen. Das gelbe Gras schimmert unbeweglich unter dem Eispanzer, eingeschlossene Luftblasen knacken gefährlich, wenn die Kufen darüber hinweggleiten. Es gehört zu meinen schönsten Wintererinnerungen, mit Schlittschuhen über das weite Eis längs der Werra zu fliegen. In den letzten Jahrzehnten habe ich es nur dreimal erlebt. In früheren Jahrhunderten gefror die Werra in manchem strengen Winter derart, dass die Menschen sogar auf dem Fluss Schlittschuh laufen konnten.

Ich verlasse den Kiessee, sein singendes Eis und die harrenden Schwäne. Zurück auf dem Kolonnenweg, erreiche ich wenig später das ehemalige Flusssperrwerk und betrete hessischen Boden. Die Betonplatten enden. Ein Pfad führt fortan am Werraufer entlang, bis zu einer vereisten, hölzernen Brücke über einem Wasserlauf. Das Frankenloch, ein beinahe verlandeter Altarm der Werra, konnte dank eines Renaturierungsprojektes über diese Flutmulde wieder mit dem Fluss verbunden werden. Hinter dem hölzernen Steig öffnet sich das Tal. Wiesen breiten sich an beiden Ufern aus. Über Kilometer hin ziehen sie sich hinüber bis zu den Wäldern an den Hängen des Heldrasteines.
Auf meine Wanderungen zurückschauend, hat man die Werra zurecht „Wiesenfluss" genannt. Wiesenauen sind der bestimmende Anblick großer Teile der Flusslandschaft. Wie auf einer Perlenkette, mit kleineren und größeren Abständen, reihen sich Natur- und Landschaftsschutzgebiete entlang der Werra. Gleich Trittsteinen verbinden sie die Lebensräume von Tieren und Pflanzen miteinander, deren Bestände auf diese Weise der Verinselung entgehen, sich austauschen und erhalten können.
Der Blick in die Wiesen und hinauf zum muschelkalkhellen Massiv des hohen Berggipfels begleitet mich in den kommenden Tagen. Für das letzte Kapitel dieses Buches bin ich an den Fluss gezogen. Ich habe Urlaub genommen und in Heldra, direkt am Flussufer, eine Ferienwohnung gemietet. Ich erwache morgens mit der Werra, verbringe den Tag an ihren Ufern und schlafe am Abend mit den Gedanken an ihre Wasser ein. Ich habe in den zurückliegenden Monaten so viel Zeit mit dem Fluss geteilt, dass ich mir kaum vorstellen kann, nun irgendwann nicht mehr an seinen Ufern zu wandern. Mein Kopf ist so angefüllt von Flussgedanken, dass es mir leichtfällt, mit den Strömungen der Werra davonzutreiben. Immerfort zu gehen, neben mir den Strom, der stetig breiter wird. Seine träge dahinströmenden Wasser streicheln die Ufer und die Pfeiler der Brücke gegenüber.
Mein Domizil ist der Kleegarten. Der liebenswürdige Besitzer des alten Gutshofes hat mir ein ganz unglaubliches Schreibzimmer zur Verfügung gestellt und eigens den Kamin für mich anheizen lassen,

Blick vom Heldrastein nach Treffurt

Schneeblumen - kleine Wunder aus Wasser, Kälte und Wind

weil die Zimmer in dem bejahrten Gebäude im Winter für gewöhnlich nicht vermietet werden. Von den zwölf großen Fenstern des Raumes blicken sechs auf den Fluss, der kaum fünfzig Meter entfernt vorbeiströmt.

In meiner ersten Nacht am Ufer des Flusses schlafe ich unruhig. Zweimal reißt mich das krachende Arbeiten des betagten Dachgebälks aus dem Schlaf. Um sieben gebe ich auf, koche mir Tee, entzünde das Feuer im Kamin und warte darauf, dass ich die Werra aus dem Dunkel auftauchen sehe. Der beginnende Tag ist grau. In schwermütigen Farben breitet sich das Flusstal unter dem wolkenverhangenen Gebirgszug des Heldrasteins vor meinen sechs Fenstern aus. Ein Graureiher segelt, dem Flusslauf folgend, dicht über das Wasser und landet unweit der Brücke. Die braunen Rispen der Schilfgräser wiegen sich am Ufer, tanzend im Wind. Laut klingt das Rauschen des Mühlbachs auf seinem Weg zur Werra zum Fenster herauf.

Und dann bin ich bereit für das letzte Stück meiner Flusswanderung. Für die wenigen noch verbliebenen der einhundertzwanzig Flusskilometer von Immelborn nach Großburschla. Vor der Brücke von Heldra steht ein Nilgansmännchen inmitten des Weges und zischt. Es klingt, als würde ein Tischler Bretter hobeln, es klingt, als wolle es mich aufhalten. Als ich aber näherkomme, fliegt der Ganter schimpfend davon und gibt den Weg frei. Ich überquere die Brücke. Ein Wanderweg führt nach Großburschla. Ich aber gehe unmittelbar am Flussufer entlang und hoffe, später wieder auf den Weg zu treffen, der – wie ich meine – am Fuß des Steilufers verlaufen müsste. Ein schwarz-rot-golden gestreifter Betonpfeiler kennzeichnet wenig später die ehemalige deutsch-deutsche Grenze und das vorläufige Ende meines Weges. Die Felsen der hohen Steilklippe des Berges wachsen einige Meter weiter senkrecht aus dem Wasser herauf. Es ist nirgends ein Wanderweg zu sehen. Ein Wildwechsel führt den steilen Hang in Bögen hinauf. Irgendwo dort oben muss der Wanderweg verlaufen. Ich treffe eine folgenschwere Entscheidung und kraxle den rutschigen Berg hinauf. Ich komme nicht weit. Es ist viel steiler, als es von unten aussah. Ich versuche, einen Ast oder eine Wurzel zu finden, an der ich mich weiter nach oben arbeiten kann. Als ich nichts entdecke, das mir auch nur halbwegs sicher erscheint, beschließe ich umzukehren. Doch in diesem Moment, in dem ich zurück nach unten schaue, überkommt mich Panik. Der Hang fällt steil ab, und meine tastenden Füße finden nur rutschiges Erdreich, keinen Halt für den Abstieg. Verzweiflung steigt in mir auf. Es geht nicht vor und nicht zurück. Ich hänge fünfzehn oder zwanzig Meter über der Werra und drohe abzustürzen. Das Herz schlägt mir bis hinauf zum Hals. Meine Beine sind weich wie Butter, die Hände flattern. Ich atme tief durch und versuche mich zu beruhigen. Wenn ich nicht wieder nach unten klettern kann, muss ich hinauf oder die Bergwacht rufen.

Ein ganzes Stück weiter, als mein Arm reicht, steht eine junge Buche. Zwischen uns ein steiler Abgrund mit krümeliger Erde hinunter zu Fels und Wasser. Wenn ich mich hinüberwerfe, könnte ich einen ihrer Äste greifen, Halt finden und weiterklettern. Ich atme tief durch und stoße mich ab. Es gelingt. Ich komme ein Stück weiter. Bis ich wieder hängenbleibe und es keinen nächsten Griff zu geben scheint. Ich liege an den Steilhang gepresst auf dem nassen Laub und zittere und beruhige mich. Und verzweifle und beruhige mich wieder. Meine Hände sind inzwischen schwarz verkrustet

Schreibzimmer im Kleegarten Heldra

Heimatmuseum Heldra

von Erde, ebenso Hose, Jacke und Schuhe. Es kümmert mich nicht, ich will es nur noch lebend von dieser Klippe schaffen. Ich grabe Erdreich unter Wurzelbögen aus, damit ich sie zum Festhalten benutzen kann. Stück für Stück, quälend langsam, ziehe ich mich nach oben, bis ich endlich keuchend auf einer halbwegs ebenen Fläche lande und aufrecht stehe. Ich kann mich kaum auf den zitternden Beinen halten. Der Atem geht stoßweise, das Herz rast. Ich bin erschrocken über mich selbst und über so viel Unvernunft. Ich stolpere durch das unwegsame verwachsene Waldstück und finde nach kurzer Zeit den gesuchten Wanderweg.
Dann sind auch schon die ersten Häuser von Großburschla zu sehen. Am Werraufer halte ich kurz an und wasche mir wenigstens die schlammbedeckten Hände im Fluss. Ich hoffe, dass die Leute im Dorf noch schlafen oder zu müde sind, meine verschmutzte Erscheinung zu bemerken. Ich sehe aus, als hätte ich an einer Abenteuerexpedition teilgenommen, als sei ich die einhundertzwanzig Flusskilometer bis hierhin in einem Stück gewandert und hätte wochenlang in der freien Natur übernachtet. So hatte ich mir das Ende meiner Reise nicht vorgestellt. Wäre ich abergläubisch, könnte ich meinen, der Nilganter vor der Brücke am Morgen hätte mir eine Warnung entgegengezischt.

Auf dem Rückweg nach Heldra, entlang der anderen Flussseite, halte ich mich übervorsichtig an den vorgeschriebenen Weg. Die Wanderroute führt entlang des einstmals verzwickten Grenzverlaufs zwischen dem thüringischen Großburschla und dem hessischen Heldra. Im Gras ragen allenthalben Grenzsteine auf. „DDR" steht auf einem, „KH" für Kurfürstentum Hessen auf einem anderen. Unerreichbar lag der nahe Heldrastein im Sperrbezirk des Grenzregimes der DDR. Der Weg bringt mich wieder zurück zum Flussufer. Auch wenn mir der Schrecken noch in allen Gliedern sitzt und jeder Muskel im Leib schmerzt, beruhigt mich der Anblick der gleichmütig dahinströmenden Wasser der Werra.

Es ist vielleicht noch eine Viertelstunde Fußweg bis nach Heldra, als unvermittelt Regentropfen auf den Fluss niederprasseln. Mit dem Regen fällt Wasser zu Wasser. Ich ziehe die Kapuze der Jacke über den Kopf und beobachte die konzentrischen Kreise, die jeder Tropfen für einen kurzen Augenblick hinterlässt. Ich frage mich, wie viele der Wassertropfen das Flussbett der Werra schon einmal bereist haben. Auf der Erde gibt es rund anderthalb Milliarden Kubikkilometer Wasser. Es ruht in Gletschern, zieht in Wolken und füllt die Meere, die Flüsse und Seen. Und wenngleich ein kleiner Teil des ursprünglich vorhandenen Wassers im Verlauf der Erdgeschichte in die Atmosphäre und in die Erdkruste verschwand, ist die Menge des Wassers auf der Erde heute immer gleich. Kein Tropfen davon geht verloren. Es ändert nur seinen Aggregatzustand oder den Ort, an dem es sich befindet. Wasser ist in jeder Sekunde in Bewegung. Die Flüsse fließen, in den Ozeanen ziehen die mächtigen Strömungen, am Boden und auf den Pflanzen verdunsten Millionen und Abermillionen Tröpfchen, Schnee und Eis zerschmelzen. Die Sonne ist der Motor, der das Rad des Wasserkreislaufs der Welt in Bewegung hält. Ihre Wärme lässt Wasser vom flüssigen in einen gasförmigen Zustand übergehen. Wolken entstehen. Treffen sie auf kalte Luft, kondensieren die kleinen Wassertropfen und bilden

Regen, Schnee oder Hagel. Das Wasser gelangt zurück auf die Erde. Es sammelt sich oder versickert und findet über das Grundwasser, über die Flüsse und Bäche wieder ins Meer, wo es schließlich erneut verdunstet und mit dem Wind für den nächsten Zyklus des Wasserkreislaufes auf das Festland verfrachtet wird. Die Werra nimmt in unserer Region das gesamte Oberflächenwasser auf. Nahezu alle Bäche und Flüsse entwässern in die Werra.

Wenige Meter vor mir stakt stelzbeinig ein Silberreiher durch das welke Schilfgras am Ufer. Ich bleibe stehen. Der Vogel lässt sich nicht von meiner Nähe stören. Vielleicht, weil ich wegen des trüben Wetters keine Kamera dabeihabe. Sein Kopf mit dem spitzen gelben Schnabel schnellt bei jedem Schritt ruckartig nach vorn. Aufmerksam sieht er für einen Moment zu mir herüber, kehrt mir schließlich den Rücken zu und schreitet seelenruhig im Regen davon, als ob ich gar nicht da wäre. Vielleicht bin ich tatsächlich für diesen Moment ein Teil der Flusslandschaft geworden, der ich mich längst zugehörig fühle. Die Werra kümmert es nicht, ob ich an ihrem Ufer stehe. Doch sie ist mir im Verlauf meiner Wanderungen wichtiger geworden, als ich je vermutet hätte. Je mehr ich vom Wesen des Flusses verstanden habe, umso verbundener fühle ich mich ihm und allem, was in und an seinen Wassern lebt.
Zum Regen gesellt sich Wind, und ich bin nicht nur vollkommen verdreckt, sondern auch durchnässt, als ich in meinem Refugium ankomme. Ich schüre das Feuer im Kamin und setze mich nach einer gründlichen Wäsche für eine Weile in den antiken Schaukelstuhl, der einladend am Fenster steht. Die braunen Fluten des Flusses strömen vor meinem Blick unablässig durch ihr Wiesenbett. Weiter und immer weiter. Ich verstehe in diesem Moment: Das ist nicht das Ende meiner Reise. Es ist erst der Beginn. Es ist der Anfang des Verstehens.

Menschen bauen Instrumente, mit denen sie die herrlichste Musik erklingen lassen. Sie errichten atemberaubende Bauten und verfassen großartige Gedichte. Sie heilen die gefährlichsten Krankheiten und fliegen ins Weltall. Sie haben das Antlitz der Erde derart zu ihren Zwecken und ihrem Nutzen umgestaltet, dass es nicht länger anmaßend klingt, zu behaupten, der Sohn des Schöpfers selbst sei als Mensch auf Erden gewesen. Über Jahrtausende hat die nackte, verletzliche Menschheit sich gegen die Gewalt der Natur behaupten müssen, um existieren zu können. Sie hat ihr abgetrotzt, was sie zum Überleben brauchte. Nun ist es an der Zeit, umzudenken. Zum ersten Mal in seiner Geschichte steht der Mensch nur noch sich selbst gegenüber. Die Jahrtausende des sich Behauptens, des Trotzenmüssens und des Gegeneinanders sind in den industrialisierten Ländern längst vorüber. Für unser eigenes Überleben gilt es, all unsere technischen und wissenschaftlichen Möglichkeiten, all unsere Empathie dafür einzusetzen, unsere natürlichen Lebensgrundlagen zu schützen, zu bewahren und dort, wo sie durch unser Tun verloren gingen, neu zu erschaffen. Es gilt, zu verstehen und wertzuschätzen. Es gilt, zu lernen, dass wir teilen müssen.

DANKSAGUNG

Vor all den Menschen, die zu diesem Buch beigetragen haben, möchte ich dem Fluss danken. Die Werra hat mich in ihrem Fließen stetig ankommen lassen. Ihre Wildnis war mir Zuflucht und Inspiration zugleich. Die Stunden, in denen ich an ihren Ufern ging, gehören zu den bereicherndsten und ruhevollsten meines Lebens. Ihr Klang und noch mehr ihre Stille haben mich neue Worte und ein anderes Schreiben gelehrt. Mein Fluss, der Spiegel aller Dinge, hat mich beschenkt, beseelt und verändert.
Das war für jene, die mir am nächsten sind, zuweilen eine Herausforderung. Meine Gesprächsthemen reduzierten sich nicht selten allein auf Flüsse, Auen und die Dinge, die ich auf meinen Wanderungen gelernt und erfahren hatte. Ich danke also meinem Mann und meiner Tochter für ihrer beider Geduld und dafür, dass sie meinen Enthusiasmus nicht nur ausgehalten, sondern auch unterstützt haben. Dankbar bin ich Landrat Reinhard Krebs und meiner Büroleiterin Carolin Lippold, die für das Werrabuch sofort Feuer und Flamme waren und seine Entstehung mit Wohlwollen und Flexibilität ermöglicht haben. Mein Dank geht hierbei auch an unsere Tourismuschefin Heidi Brandt, die unkompliziert die grafische Umsetzung des Buches durch die Eisenacher Werbeagentur ideenwert finanziell sichergestellt hat. Ich danke Denis Hopf, Ulrike Schmidt und Lisa Schulze für die absolut treffsichere Gestaltung und Optik dieses Buches – ihr seid immer wieder großartig!
Zu danken habe ich meinem ebenso liebenswürdigen wie gründlichen Lektor André Schinkel, der auch darum zunächst gar nicht mehr so viele Schreibfehler finden konnte, weil ich tolle Freundinnen habe. Liebe Katja Schmidberger, liebe Vera Vorneweg, danke für euer Lesen und euer wertvolles Feedback, das mich bestärkt und bereichert hat. Dank auch meiner Flussschwester Siljarosa Schletterer für unseren überaus inspirierenden Austausch.

Wenn man ein Buch mit hohem Faktenanteil schreibt, bedeutet dies nicht nur einen großen Rechercheaufwand, sondern immer auch einen Rest Unsicherheit, ob man wirklich alles korrekt erfasst und dargestellt hat. Ich danke daher von Herzen den Fachleuten, die dieses Buch begleitet haben. Es ist mir eine Freude, eine Flussspezialistin wie Ines Andraczek kennengelernt zu haben – ihr Wissen und ihre Flussliebe haben mich begeistert. Ich danke dem Mihlaer Ortsteilbürgermeister Rainer Lämmerhirt und Reinhard Schneider vom Brandenburgverein – zwei engagierten Heimatforschern, die mich gern an ihrem großen Wissensschatz teilhaben ließen. Mit dem Weimarer Quartärpaläontologen Prof. Dr. Ralf-Dietrich Kahlke durfte ich dankenswerterweise – von jetzt auf gleich – ein sehr aufschlussreiches Telefonat zur Ur-Werra und zu Dolchzahnkatzen führen. Ich danke dem Tiefenorter Ortschronisten Steven Gebhardt und Dominik Schulz vom Sportfischerverein Merkers für ihre hilfreichen Antworten auf meine Anfragen. Dank gebührt auch den engagierten Bibliothekarinnen in Bad Salzungen, Gerstungen und Mihla, die meine Recherchen nach Kräften unterstützt haben.

Dieses Buch ist eine Liebeserklärung an alle Flüsse und die Werra im Besonderen. Ich schrieb es für jene, denen die Werra am Herzen liegt – für die Flussmenschen, Wasserliebenden und Neugierigen. Meine Begeisterung für unseren Heimatfluss mit ihnen zu teilen, ist das wichtigste Anliegen dieses Buches. Mein letzter großer Dank geht daher an die Leser, die meine Reise entlang der Werra von Kapitel zu Kapitel begleitet haben.
Um „Verzeihung“ bitte ich all jene Lesenden, die an den Flussabschnitten am Ober- und Unterlauf der Werra wohnen, welche ich nicht wandernd besuchen konnte. Dreihundert Flusskilometer hätten meine Möglichkeiten und den Rahmen dieses Buches überschritten. Ich komme noch vorbei. Doch das wird eine andere Geschichte.

DANKSAGUNG ZUR ZWEITEN AUFLAGE

Der Druck der zweiten Auflage dieses Buches konnte in Zeiten des Ukraine-Kriegs und stark gestiegener Produktionskosten nur realisiert werden, weil es Menschen wie den Eisenacher Unternehmer Shpetim Alaj gibt, dem unsere Region und unser Fluss so sehr am Herzen liegt, dass er helfend eingesprungen ist und die Herstellungskosten dieses Buches in der zweiten Auflage mit dreitausend Euro unterstützt hat.

WERRAPFADE

Wie sich schon aus der Lektüre dieses Buches erahnen lässt, sind die meisten meiner Werrapfade nicht ohne weiteres nachzuwandern. Ich habe jedoch einige sehr schöne Wege entdecken können, die unmittelbar entlang des Flusses führen und eine Rundwanderung – zum einen Flussufer hinauf und zum anderen wieder hinunter – ermöglichen.

Eine solche Runde ist jene von *Tiefenort nach Merkers* und zurück. Start ist an der Werrabrücke Tiefenort, von dort aus folgt der Weg über Wiesen- und Feldwege stetig dem Fluss. Bei Merkers ist schließlich die Werrabrücke zu überqueren. Durch den Nesselgrund geht es auf dem Werratal-Radweg – immer zu Füßen des Krayenberges – wieder zurück nach Tiefenort.

Zwischen *Creuzburg und Ebenau* sind mehrere, landschaftlich sehr reizvolle, Routen möglich. Von der Werrabrücke führt ein Weg hinter der Liboriuskapelle auf dem hohen Ufer immer in Flussnähe nach Ebenau. Dort ist die Radwegbrücke zu überqueren und dann wird auf dem alten Bahndamm, immer mit Blick auf die Werra, zurück nach Creuzburg gewandert. Während dieser Weg ohne größere Anstiege durch das Flusstal führt, bietet die Alternativroute über die Ebenauer Köpfe spektakuläre Ausblicke von den hohen Muschelkalkfelsen ins Werratal. Hier beginnt die Tour ebenfalls an der Werrabrücke, jedoch am gegenüberliegenden Creuzburger Ufer. Kurz hinter dem Ortsende von Creuzburg ist der recht steile Wanderweg hinauf zu den Ebenauer Köpfen markiert. Oben angekommen, folgt er dem Verlauf des Muschelkalkmassivs und führt an dessen anderem Ende wieder hinunter zum Fluss, nach Ebenau. Dort geht es über die Radwegbrücke, und dann wird der Rückweg entlang der Werra nach Creuzburg angetreten.

Einen sehr schönen Rundweg bin ich zwischen *Frankenroda und Falken* entlang des Flusses gewandert. Start ist an der Werrabrücke Falken, die zunächst überquert wird. Immer entlang der Werra führt der Weg nach Falken und dort über die Brücke ans andere Flussufer. Nach einem Gang durch das hübsche Fachwerkdorf treffen Wanderer spätestens am Ortsausgang auf den Werratal-Radweg nach Probstei Zella und laufen von dort zurück nach Frankenroda.

Diese vier beschriebenen Wanderungen entlang des Flusses sind (bis auf den Anstieg zu den Ebenauer Köpfen) auch für ungeübte Wanderer gut zu bewältigen. Sie dauern jeweils maximal drei Stunden. Wer zwischendurch lange am Flussufer sitzt, Tiere beobachtet oder Pflanzen bestimmt – braucht freilich länger.

Die hier genannten Wege sind alle zugleich Teil des *Werratal-Radweges*, der an den Werraquellen im Thüringer Schiefergebirge beginnt und über die gesamte Länge des Flusses – nach rund dreihundert Kilometern durch fachwerkbunte Orte und herrliche Landschaftsgebiete – in Hannoversch Münden endet. Ebenfalls durch die Täler der Werra von den Quellen bis zur Mündung führt der gut dreihundert Kilometer lange *Werra-Burgen-Steig*. Der Fernwanderweg bietet von unzähligen Burgen, Schlössern und Bergeshöhen herrliche Ausblicke auf den Fluss.

LITERATUR

Manfred Lückert: Die Werra – Landschaft und Leben am Fluss. Bad Langensalza: Verlag Rockstuhl 2007.

BUND (Hrsg.): Naturführer Lebendige Werra. Berlin 2010.

Hermann-Josef Hohmann und Dagmar Mehnert (Hsrg.): Bunte Salze, weiße Berge – Wachstum und Wandel der Kaliindustrie zwischen Thüringer Wald, Rhön und Vogelsberg. Ulmenstein 2004.

Fritz Kühnlenz: Erlebnisse an der Werra. Rudolstadt: Greifenverlag 1973.

Ernst-Ulrich Hahmann: Ritterburgen im Salzunger Land. Föritz: amicus-Verlag 2016.

Fredy Richter: Gerstungen und seine Burg, Teil 2. Gerstungen: Selbstverlag 2002.

Fredy Richter: Kalenderblätter zur Gerstunger Geschichte. Gerstungen: Selbstverlag 2003.

Rainer Lämmerhirt: Die Geschichte der Werrataleisenbahn 1907 – 1969. Bad Langensalza: Verlag Rockstuhl 2007.

Claus Neubeck: Auenrevitalisierung an der unteren Werra. Kassel: kassel university press 2014.

Rolf-Jürgen Gebler: Entwicklung naturnaher Bäche und Flüsse – Maßnahmen zur Strukturverbesserung. Walzbachtal: Verlag Wasser + Umwelt 2005.

Bundesumweltamt (Hrsg.): Hydromorphologische Steckbriefe der deutschen Fließgewässertypen. Dessau, o. J.

Untere Naturschutzbehörde und Untere Wasserbehörde im Wartburgkreis (Hrsg.): Fließgewässer im Wartburgkreis – aktuelle Situation und nachhaltige Entwicklung. Bad Salzungen 2002.

Georg Berger und Lukas Wittich: Die Schifffahrt auf der Werra – Projektbericht zum Bau eines Prahms. Projektarbeit 2012.

Wilhelm Pippart: Der Brombeermann – alte Sachen, Sagen und Sänge aus dem mittleren Werratal. Eigenverlag der Nachfahren (Nachdruck der Erstausgabe von 1934), o. O. 2012.

https://www.bpb.de/geschichte/zeitgeschichte/geschichte-im-fluss/135929/die-besten-botschafter--europas.

INSPIRATION

Olivia Laing: Zum Fluss – eine Reise unter die Oberfläche. München: btb 2011.

Patrik Svenson: Das Evangelium der Aale, München: Carl Hanser 2020.

John von Düffel: Vom Wasser. Deutscher Taschenbuch Verlag, München 2000.

Philip Ball: H_2O – Biographie des Wassers. München: Piper 2001.

Johann Romberg: Federnlesen. Vom Glück, Vögel zu beobachten. Köln: Lübbe, 2018.

Olaf Fritsche: Der Insektensammler. Reinbek b. Hamburg: Rowohlt 2020.

INHALT

ÜBER DIE AUTORIN

Sandra Blume, geb. 1976, hat Geschichte, Kulturwissenschaften und Journalistik studiert. Sie lebt bei Eisenach und arbeitet seit 2005 als freie Texterin, PR-Beraterin und Theaterdramaturgin. Seit 2013 ist sie Pressesprecherin des Wartburgkreises. 2016 erschien das Buch „Die Wartburgregion – Entdeckungsreisen“, das 2019 neu aufgelegt wurde. Gedichte der Autorin sind in diversen Anthologien zu finden, unter anderem in mehreren Reclam-Gedichtausgaben. 2020 war im Thüringer Museum Eisenach in der Predigerkirche eine Ausstellung mit Texten und Fotos von Sandra Blume zu sehen. Über mehrere Jahre wurden Wandkalender mit ihren Fotografien aus dem Wartburgkreis veröffentlicht. 2021 erschien das Buch „Das Gedächtnis der Dörfer und Städte – Museen und Sammlungen im Wartburgkreis“ und im Oktober 2021 ihr Gedichtband „Lichtfänger“, herausgegeben von der Literarischen Gesellschaft Thüringen.

www.mitteldeutscherverlag.de

Gesamtherstellung: Mitteldeutscher Verlag, Halle (Saale)
Alle Fotos und Illustrationen: Sandra Blume, Eisenach
Lektorat: André Schinkel, Halle (Saale)
Grafische Gestaltung: Werbeagentur ideenwert, Eisenach

ISBN 978-3-96311-668-1

Printed in the EU